AF559264

KLARTEXT

Bildnachweis:
Imago: /Krieger S. 4/5, 29, 79, 93, 98 99, 104, 105, 106/107; /ActionPictures S. 6/7, 61, 115; / United Archives International S. 13; /MIS S. 21, 54, 56, 59, 74, 76/77; /Alexander Rochau S. 22/23; /Horstmüller S. 27, 31, 65; /WEREK S. 40/41, 43; /Sportfoto Rudel S. 45; /Fred Joch S. 47; /Ferdi Hartung S. 49; /Revierfoto S. 55; /Claus Bergmann S. 57, 80/81; /Baering S. 69; / Sven Simon S. 63, 91, 113; /Pressefoto Baumann S. 67; /Ulmer S. 72, 108; /Eibner S. 78, 100; / DeFodi S. 86; /Team 2 S. 89; /Philippe Ruiz S. 95; /photoarena/Eisenhuth S. 96; /Pro Shots S. 102; Augsburger Allgemeine S. 64; dpa Picture-Alliance: /Stefan Puchner S. 34, /augenklick/firo sportphoto S. 83; Adobe stock©estherpoon S. 8/9; Andreas Schäfer S. 9, 12, 32, 39; Archiv FC Augsburg S. 10, 11, 14, 17, 19, 25; F. Schöllhorn S. 37; Horstmüller S. 53

Bibliografische Information der Deutschen Nationalbibliothek
Die Deutsche Nationalbibliothek verzeichnet diese Publikation in der Deutschen Nationalbibliografie; detaillierte bibliografische Daten sind im Internet über portal.dnb.de abrufbar.

Impressum
1. Auflage Oktober 2022
Redaktion: Dominik Hamers
Layout und Satz: Achim Nöllenheidt
Umschlaggestaltung: Guido Klütsch
Umschlagabbildungen: Imago: /MIS (3), /Krieger, /Michael Eichhammer; privat
Druck und Bindung: Linsen Druckcenter GmbH, Siemensstraße 12–14, 47533 Kleve

© Klartext Verlag, Essen 2022
ISBN 978-3-8375-2503-8

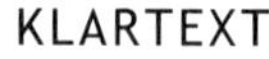

Jakob Funke Medien Beteiligungs GmbH & Co. KG
Jakob-Funke-Platz 1, 45127 Essen
info.klartext@funkemedien.de
www.klartext-verlag.de

Andreas Schäfer

FC Augsburg

**Populäre Irrtümer
und andere Wahrheiten**

Inhalt

6 Zum Geleit
8 Gründung im Hofbräuhaus
10 Erstmals erstklassig
11 Der erste Star aus Augsburg
12 Der Rekordmann
14 Endlich wieder erstklassig
15 Beinahe Meister
16 14 von 18
18 Ein Mann, elf Zehen, 1175 Tore
20 Zahlen und Fakten
22 Die alte Heimat
24 Dank Schweinebraten wie ein junger Gott
26 Das österreichische Kraftpaket
27 Unser Mann in Bern
28 Zweitklassig mit zwei Nationalspielern
30 Aus der Grafstraße in die Fußballwelt
33 Wahre Geschichten
36 Aus dem BCA wird der FCA
37 Endlich zweitklassig
38 Das fast perfekte Fußballwunder
44 Die verpasste Chance
45 Der Zampano am Lech
46 Pokalgeschichten
48 Rauf und runter
50 FC Augsburg. Eine Zeitreise
56 Die Trainerschmiede

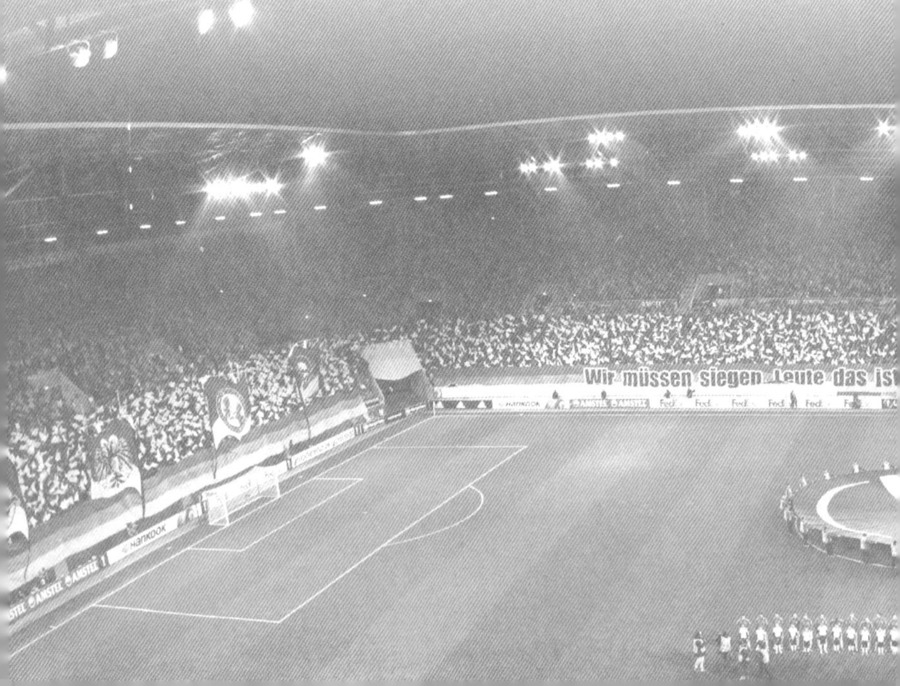

62 Uli Steins Mittelfinger
64 Sechs Siege führen zur Entlassung
66 Europapokal!
67 Endlich wieder Meister
68 Fünf Titel in Folge
70 Rot-grün-weiße Zahlenspiele
72 Willkommen in der vierten Liga
73 Ein Visionär namens Seinsch
74 Zum Heulen
76 Heimspiel in München
78 Die Tore des Monats
80 Wir fahren fast nach Berlin
82 Zittrige Erlösung
84 FC International
90 Elfmetergeschichten
92 Premierentreffer in der Bundesliga
94 Der Stratege
96 Der Hahnsinn
98 Die beste Saison
99 Ein warmer Geldregen
100 „In Europa kennt uns keine Sau“
108 FC International II
114 Unabsteigbar
116 Das Quiz für echte FCA-Experten
120 Zitate

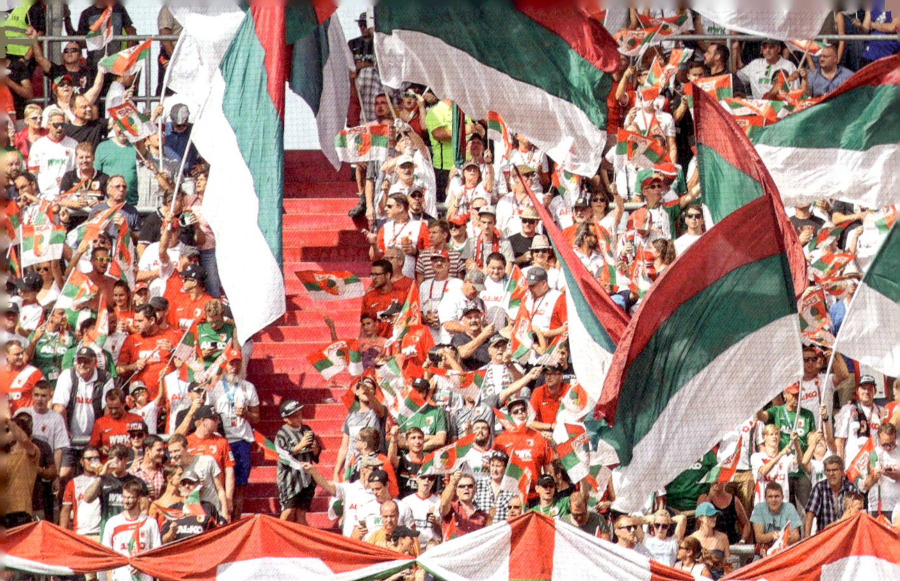

Zum Geleit

Wir Fans des FC Augsburg können uns eigentlich nicht beklagen. Die vergangenen gut 20 Jahre haben uns drei Aufstiege und sogar ein Spiel in der Europa League an der legendären Anfield Road beschert. Auch wenn der Abstiegskampf in der Bundesliga der Normalzustand ist: Für alle, die schon etwas länger dabei sind, und das Augsburger Aushängeschild in Sachen Fußball bereits in der viertklassigen Bayernliga haben kicken sehen, ist die Gegenwart in der höchsten Spielklasse des Landes immer noch ein gelebter Traum.

Selbstverständlich: Nach über einem Jahrzehnt in der Beletage des deutschen Fußballs kann man auch schon mal von mehr träumen. Das ist dann ein guter Moment, ein Buch wie dieses aufzuklappen, um zu schauen, wo wir eigentlich herkommen. Dann können wir einerseits feststellen, dass der FCA-Vorläuferverein BCA schon viele Jahre lang erstklassig gekickt hat. Und andererseits,

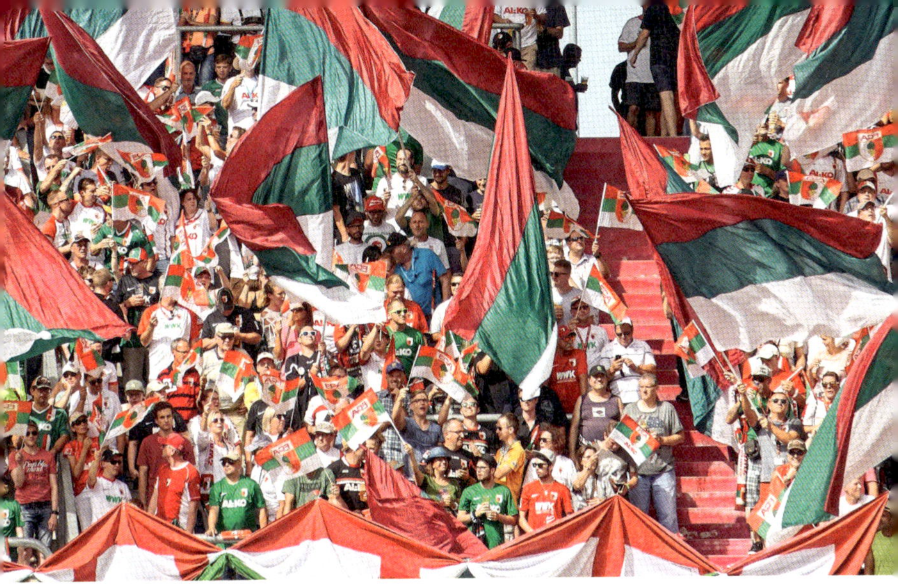

wie im richtigen Leben: Irgendwann lief es dann nicht mehr ganz so gut. Bis zu Beginn des neuen Jahrtausends das Fußballwunder FC Augsburg seinen Lauf nahm.

Zwei Dinge noch: In solch einem Buch hat nicht alles und jeder Platz. Und das, was drinsteht, ist letztendlich eine subjektive Auswahl des Autors. Es sind nur – hoffentlich unterhaltsame – Schlaglichter auf eine unglaublich vielfältige, mitunter turbulente Vereinsgeschichte, in der natürlich viel mehr Menschen eine wichtige Rolle gespielt haben. Daher ein großes Sorry an alle, die hier nicht vorkommen, obwohl sie es verdient hätten.

Zum anderen: Das Buch ist für meine Tochter Magdalena, die ich schon als Baby ins Rosenaustadion geschleppt habe. Und die jetzt noch neben mir in der Arena steht und mir Beistand leistet, wenn es mal wieder nicht so läuft. Und für alle, die da noch so rumstehen, am Mundloch zum O-Block. Ihr wisst, wen ich meine.

Gründung im Hofbräuhaus

Das war wohl ein fußballhistorischer Paukenschlag: Im Oktober 2021 berichtete die Augsburger Allgemeine, dass die Geschichte des FC Augsburg neu geschrieben werden müsse. Zumindest der Anfang der Geschichte. Denn bisher feierte der Verein jahrein, jahraus – und das seit 114 Jahren – am 8. August seinen Geburtstag. Was für ein symbolträchtiges Datum, schließlich wird just an diesem Tag das Friedensfest in der Fuggerstadt begangen. Nun könnte man natürlich dagegenhalten, dass die jungen Männer, die im Jahr 1907 einen Fußballklub aus der Taufe hoben, das vielleicht gar nicht im Hinterkopf hatten, schließlich kamen sie aus dem damals noch selbstständigen Markt Oberhausen, der erst 1911 in die Stadt Augsburg eingegliedert wurde. Und ein gesetzlicher Feiertag war das Friedensfest damals auch noch nicht.

Nun aber verbreitete die örtliche Zeitung die Nachricht, dass der Klub gar nicht am 8., sondern am 20. August gegründet wurde. Der Beweis: Dominik Feldmann, der stellvertretende Leiter des Stadtarchivs, präsentierte in dem Bericht die Originalsatzung des Vereins – und das handschriftliche Dokument ist auf eben jenen 20. August datiert.

Trotzdem wird an der ursprünglich bekannten Überlieferung etwas dran sein. Und die besagt: Am 8. August 1907, übrigens einem Donnerstag, trafen sich im „Hofbräuhaus" in Oberhausen 30 junge Männer, um einen Fußballverein zu gründen. Sie wählten Fritz Käferlein zum Ersten Vorsitzenden, bestimmten, dass man in weißen Hemden und schwarzen Hosen spielen wolle, und zwar auf dem Großen Exerzierplatz. Zum Schreiben der Satzung kam man dann wohl nicht mehr, das wurde zwölf Tage später nachgeholt.

Noch eine Sache wäre an dieser Stelle zu klären: Wie genau schrieb sich eigentlich der erste Vorläuferverein des FC Augsburg? In einem Zeitungsbericht anlässlich des 30. Geburtstages des Nachfolgevereins BC Augsburg ist beispielsweise vom FC Alemannia die Rede. Der BCA schrieb den Klub in seiner Festschrift zum

50-jährigen Bestehen – und damals gehörten noch immerhin vier Gründungsmitglieder dem Verein an – FC Allemania. Auch Wikipedia besteht auf Allemania, aber auch inkonsequenterweise den Alemannen. Der FCA wechselt auf seiner Homepage munter zwischen beiden Varianten. Die Lösung: In der Satzung aus dem August 1907 schreibt er sich Fußball-Klub Alemania.

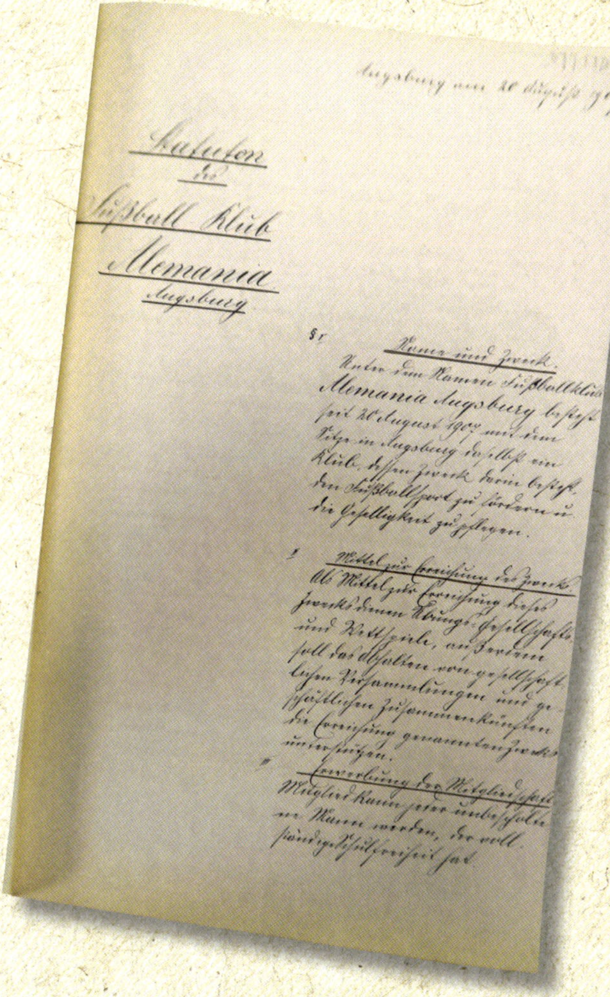

Augsburg am 20. August 1907

Statuten des Fußball Klub Alemania Augsburg

§ 1 Name und Zweck.
Unter dem Namen Fußballklub Alemania Augsburg besteht seit 20. August 1907 mit dem Sitze in Augsburg derselbe ein Klub, dessen Zwecke darin besteht, den Fußballsport zu fördern u. die Geselligkeit zu pflegen.

Die Originalsatzung des Fußball-Klubs Alemania, die im Augsburger Stadtarchiv verwahrt ist

Erstmals erstklassig

Man hätte die Liga eigentlich auch Vergleichsliga Augsburg/München nennen können. Denn als der BC Augsburg in der Saison 1920/21 seine Punktspiel-Premiere in der Erstklassigkeit feierte, waren in der Bezirksliga Südbayern fast ausschließlich Mannschaften aus den beiden Städten vertreten. Aus dem Schwäbischen spielten der BCA und der TV Augsburg mit, aus München Wacker, Bayern, 1860, MTV, SpVgg, Teutonia sowie Armin, komplettiert wurde das Zehnerfeld vom MTV Ingolstadt. Bevor der Ball in der Bezirksliga rollen konnte, hatte der BCA als Meister der A-Klasse noch Aufstiegsspiele gegen Armin München und Jahn Regensburg zu absolvieren, bei denen letztendlich der Jahn auf der Strecke blieb.

Am 5. September 1920 war es dann soweit: Der BCA trat zu seiner ersten Erstligapartie an und konnte auswärts gleich den MTV München mit 2:0 schlagen. Weniger gut verlief die folgende Begegnung, das erste Aufeinandertreffen mit den Bayern, das mit 2:7 verloren ging. Ein früher Zuschauerrekord wurde verzeichnet: Als der TVA zum Derby auf dem BCA-Platz gastierte, sahen 5.000 Zuschauer eine 1:4-Pleite. Zum Klassenerhalt reichte es letztendlich nicht. Mit nur acht Punkten aus den 18 Partien ging es wieder ins Unterhaus.

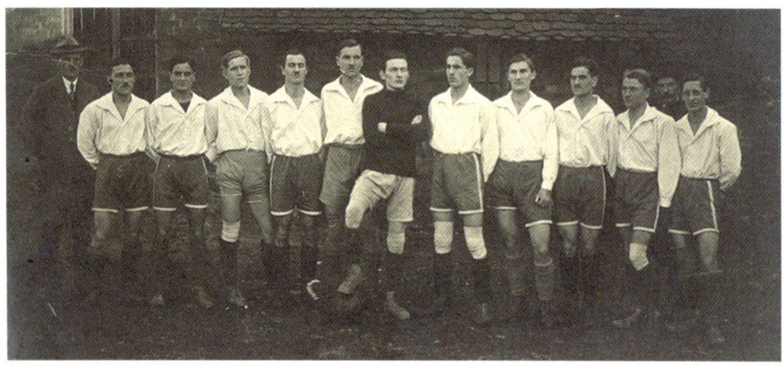

Die Mannschaft, die 1920 erstmals den Aufstieg in die höchste Spielklasse schaffte.

Der erste Star aus Augsburg

In der Brandnerstraße in Oberhausen, nur wenige Schritte vom heutigen Helmut-Haller-Platz entfernt, befand sich die Bäckerei und Konditorei der Familie Lang. Dort verstand man sich nicht nur auf Semmeln, Schnecken und Sandkuchen, sondern war auch sportlich tätig. Der erfolgreichste Spross kam 1899 auf die Welt: Hans Lang, der schon als Zehnjähriger für den TV Oberhausen spielte. Die Fußballer des Vereins kickten ab 1919 als BC Augsburg und machten sich 1921 unter diesem Namen selbstständig.

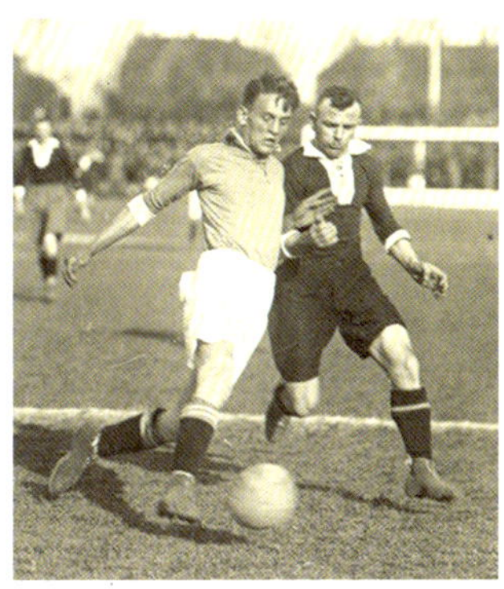

Hans Lang (l.) in einem Auswahlspiel Nord- gegen Südbayern

Hans Langs Karriere kam ins Rollen, als er 1920 aus zweijähriger französischer Kriegsgefangenschaft zurückkehrte. In seiner ersten Saison für den BCA war er gleich maßgeblich am bisher größten Erfolg der noch jungen Vereinsgeschichte beteiligt: dem Aufstieg in die erstklassige südbayerische Liga. Nachdem der Verein die Klasse nicht halten konnte, war auch der begabte Offensivspieler nicht mehr zu halten. Ein Mitspieler der süddeutschen Auswahlmannschaft, Torhüter Theodor Lohmann, hatte ihm einen Wechsel zur SpVgg Fürth schmackhaft gemacht, einer der namhaftesten Adressen im deutschen Fußball. Dort entwickelte er sich bald zum Nationalspieler. Als er am 26. März 1922 gegen die Schweiz sein Debüt in einem Länderspiel gab, war er der erste gebürtige Augsburger, der das Dress der Nationalmannschaft trug. Insgesamt kam Lang auf zehn Einsätze. Seine größten Erfolge feierte er mit dem Hamburger SV, wo er als Spieler 1928 die Deutsche Meisterschaft feierte und den Verein 1935 als Trainer in die Endrunde um die Deutsche Meisterschaft führte.

Der Rekordmann

Schon gewusst, dass ein langjähriger Rekordspieler und Rekordtorjäger der deutschen Nationalmannschaft aus Augsburg stammt? Ernst Lehner kam zwischen 1933 und 1942 auf 65 Einsätze im deutschen Dress, 31-mal traf der schnelle Rechtsaußen in diesen Partien. Erst 1955 übertraf ihn ein gewisser Fritz Walter. Bis 2006, als Deutschland 13:0 gegen San Marino gewann, war er noch unter den Top Ten der deutschen Torjäger. Damals verdrängten ihn Miroslav Klose und Michael Ballack aus der Liste.

Ernst Lehner also, 1912 in Augsburg geboren, spielte bereits als Achtjähriger für die Schwaben. Dem Verein, der eigentlich für so einen Könner zu schlecht war, hielt er so lange wie möglich die Treue. Manchmal auch gegen seinen Willen: Als die Violetten 1939 wieder einmal aus der erstklassigen Gauliga absteigen mussten, wäre Lehner gerne zum BC Augsburg gewechselt. Doch damals verboten die Statuten einen Vereinswechsel am Ort. Stattdessen ging es 1940 für den Soldaten Lehner nach Berlin, wo er bei Blau-Weiß anheuerte und es mit dem Verein zwei Jahre später bis ins Halbfinale der Deutschen Meisterschaft schaffte. Das ging dann vor 80.000 Zuschauern im Berliner Olympiastadion knapp mit 2:3 gegen Vienna Wien verloren.

Von seiner ersten Berufung in die Nationalelf – am 19. November 1933 zu einem Testspiel in der Schweiz – erfuhr Lehner im Radio. Erstmals streifte ein für einen Augsburger Verein aktiver Spieler das Trikot der Nationalmannschaft über. Die Schwaben waren so stolz, dass sie gleich ihren Präsidenten

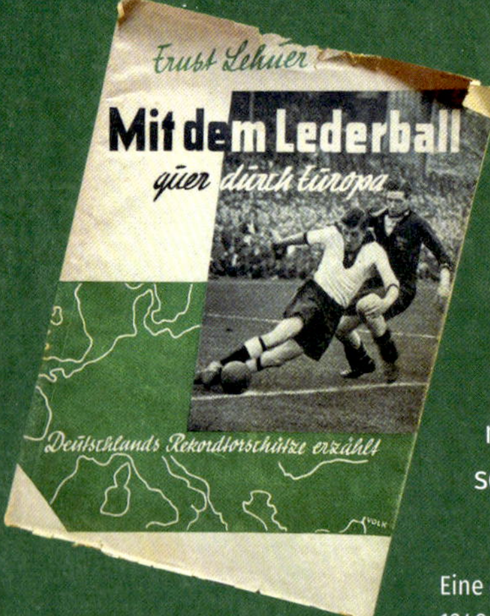

Eine der ersten Fußballer-Memoiren: 1948 erschien Ernst Lehners Geschichte.

mit in die Schweiz schickten, um zu verhindern, dass ein anderer Verein den torgefährlichen Außenbahnspieler verpflichtet.

Ernst Lehner war auch einer der ersten Fußballer, der seine Memoiren schrieb: „Mit dem Lederball durch Europa" erschien 1948. Außerdem bleibt ihm noch immer ein Rekord: Bei der Weltmeisterschaft 1934 traf er nach 25 Sekunden im Spiel um Platz drei gegen Österreich. Es ist noch immer das schnellste deutsche WM-Tor. In der Presse wurde er als der „beste Amateurspieler der Welt" bezeichnet. In vielen Ländern wie Italien, England, Frankreich, Österreich oder der Schweiz gab es bereits Profiligen, während in Deutschland noch lange am Amateurstatus festgehalten wurde.

Für den damals 22-Jährigen haben sich seine Verdienste auf dem Platz auch beruflich gelohnt. Bei seiner Rückkehr von der WM in Italien empfingen ihn tausende Augsburger am Bahnhof: „Den Gipfelpunkt aber bildete eine offizielle Rede, in der mir gesagt wurde, dass die Stadt Augsburg sich in Anerkennung meiner Verdienste entschlossen habe, mich in die Dienste der Stadtverwaltung zu übernehmen", erinnert sich Lehner in seinen Memoiren. Diese Anfänge in der Verwaltung sollten ihm noch von großem Nutzen sein: 1947 wechselte Lehner zu Viktoria Aschaffenburg, wo er dann als Leiter des Sportamtes Karriere machte.

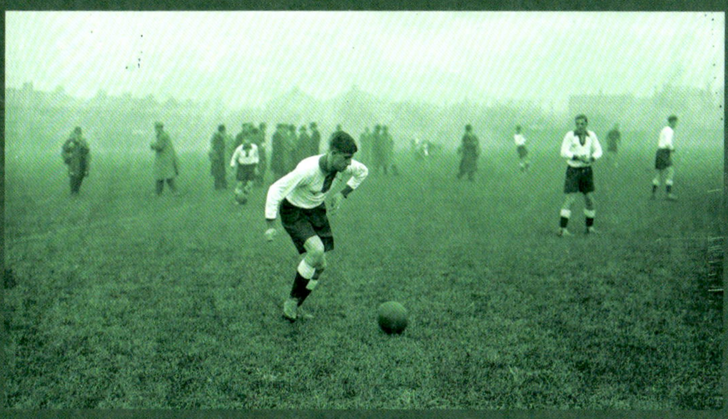

Ernst Lehner bereitet sich auf ein Länderspiel gegen England in Tottenhams Stadion White Hart Lane vor.

Endlich wieder erstklassig

Knapp vorbei ist auch daneben – diese Erfahrung machten der BCA und der FCA häufiger in ihrer Vereinsgeschichte. Zu Beginn der 1930er Jahre etwa sicherte sich der BCA in schöner Regelmäßigkeit den Titel in der Kreisliga, scheiterte aber ebenso konstant in der Aufstiegsrunde zur erstklassigen Bezirksliga.

In der Saison 1932/33 setzten sich die Augsburger endlich auch in den Aufstiegsspielen durch, doch dann kam die Machtergreifung der Nationalsozialisten dazwischen. Die führten die Gauliga Bayern als eine von 16 erstklassigen Ligen ein, doch der sportliche Aufsteiger BCA wurde nicht berücksichtigt. Erst nach der folgenden Saison konnte sich der Verein nach elf Jahren endlich wieder erstklassig nennen. Als Kreismeister ging es erst in Entscheidungsspiele gegen den südschwäbischen Meister FC Memmingen. Die Memminger gewannen das Hinspiel knapp, die Weiß-Blauen das Rückspiel, die entscheidende dritte Partie konnte der BCA mit 3:2 für sich entscheiden. Dann ging es in eine Aufstiegsrunde mit fünf anderen Mannschaften, von denen die zwei Erstplatzierten schließlich in die Gauliga vorrücken durften. Wieder machten es die Oberhausener spannend, erst ein 5:5 im finalen Spiel gegen SV Weiden sorgte für den entscheidenden letzten Punkt für den Aufstieg.

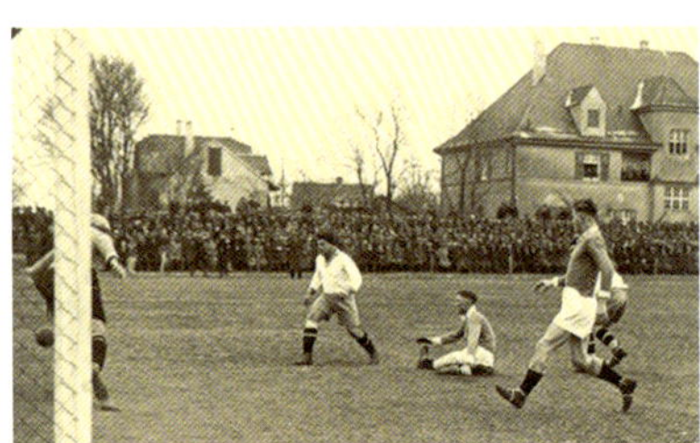

Denkbar knapp sicherte sich der Aufsteiger BCA aufgrund des besseren Torverhältnisses 1935 den Klassenerhalt in der Gauliga Bayern.

Der Neuling BCA sorgte dann gleich für einen Rekord: Über 5.500 Zuschauer kamen durchschnittlich zu den Gauliga-Heimspielen der Saison 1934/35 – kein Stadion in Bayern war besser besucht.

Beinahe Meister

Wer weiß, wie die Geschichte ausgegangenen wäre, wenn Ernst Lehner, einer der besten Spieler seiner Zeit, 1939 von den Schwaben zum BCA hätte gehen dürfen. Damals durfte jedoch kein Fußballer innerhalb einer Stadt den Verein wechseln. Vielleicht wäre sonst die erste Meisterschaft in der höchsten Spielklasse – damals der Gauliga – gelungen. Und der BCA hätte sich für die Endrunde um die Deutsche Meisterschaft qualifiziert.

Als die Gauliga im September 1939 beginnen sollte, herrschten unklare Verhältnisse. Wegen des deutschen Überfalls auf Polen und des Ausbruchs des Zweiten Weltkriegs war der Spielbetrieb offiziell eingestellt worden. Die Augsburger Vereine begannen eine Stadtmeisterschaft auszuspielen. Aber dann rollte der Ball doch in der Gauliga.

Aufgrund der zahlreichen Einberufungen bildete der BCA eine sogenannte Notspielgemeinschaft mit den Schwaben – so kam der Nationalspieler Ernst Lehner wenigstens kurzzeitig zum BCA. Allerdings nur für drei Spieltage, dann wurden vom Reichssportführer Kombinationsmannschaften verboten. Und Ernst Lehner verschwand wieder in der Zweitklassigkeit.

Dennoch spielte der BCA eine außerordentlich gute Punktrunde und erklomm am 10. Dezember nach einem Sieg bei Jahn Regensburg die Tabellenführung. Drei Monate lang verteidigte die Mannschaft den ersten Platz, ehe es zum ärgsten Verfolger, dem 1. FC Nürnberg, ging. 18.000 Zuschauer waren zum Zabo gekommen, die Weiß-Blauen aus Oberhausen erkämpften sich einen Punkt und wahrten so die Meisterschaftschancen. Doch auf der Zielgeraden gingen die Kräfte aus: Zwei Heimniederlagen sorgten dafür, dass der Club noch am BCA vorbeiziehen und am Ende mit einem Punkt Vorsprung die Meisterschaft feiern konnte.

14 von 18

Von 1945 bis zur Einführung der Bundesliga zur Saison 1963/64 existierte die Oberliga Süd als eine von fünf Staffeln der höchsten Spielklasse – in 14 von 18 Spielzeiten spielte der BCA in dieser Zeit erstklassig. Wie genau es zur Zusammensetzung der Vereine für die neuen Liga kam, ist bis heute nicht geklärt. Der BCA, so ist in der Festschrift „50 Jahre BCA" zu lesen, war jedenfalls ursprünglich nicht vorgesehen gewesen, doch rührige Funktionäre sorgten für die Aufnahme. Schließlich war Augsburg mit dem BCA und Schwaben wie auch München, Stuttgart, Frankfurt am Main, Karlsruhe und Mannheim mit jeweils zwei Mannschaften vertreten, dazu kamen Nürnberg, Fürth, Offenbach und Schweinfurt. Viele noch heute große Namen tummelten sich also in der neuen Liga, die am 4. November, kein halbes Jahr nach Kriegsende, startete.

Die Anreise zu den Auswärtsspielen gestaltete sich denkbar schwierig. „Holzgas-Autos, die unterwegs zu heizen waren, oder fensterlose Züge dienten als Transportmittel", so die Festschrift von 1957. Fast unglaublich, dass sämtliche Spiele der Premierensaison über die Bühne gehen konnten.

Sportlich verlief die Saison für den BCA ordentlich. Mit dem ehemaligen Nationalspieler Josef Pöttinger als Trainer erreichte der BCA einen soliden achten Platz. Wenn auf dem Platz gerade nicht gespielt wurde, gab es dort reichlich zu tun. In der Schwäbischen Landeszeitung war im November 1945 zu lesen: „Auf dem BCA-Platz beherrschen große Zaunlücken, Schutthaufen, das Wrack einer Sitztribüne, ein umgestürztes Kassenhaus und eine reichlich verwahrloste Stehtribüne das Blickfeld." Bald war hier die größte Baustelle der Stadt: Nach englischem Vorbild wurde der Platz zu einem reinen Fußballstadion mit einer 70 Meter langen Tribüne für 2.500 überdachte Sitzplätze und Stehstufen rund

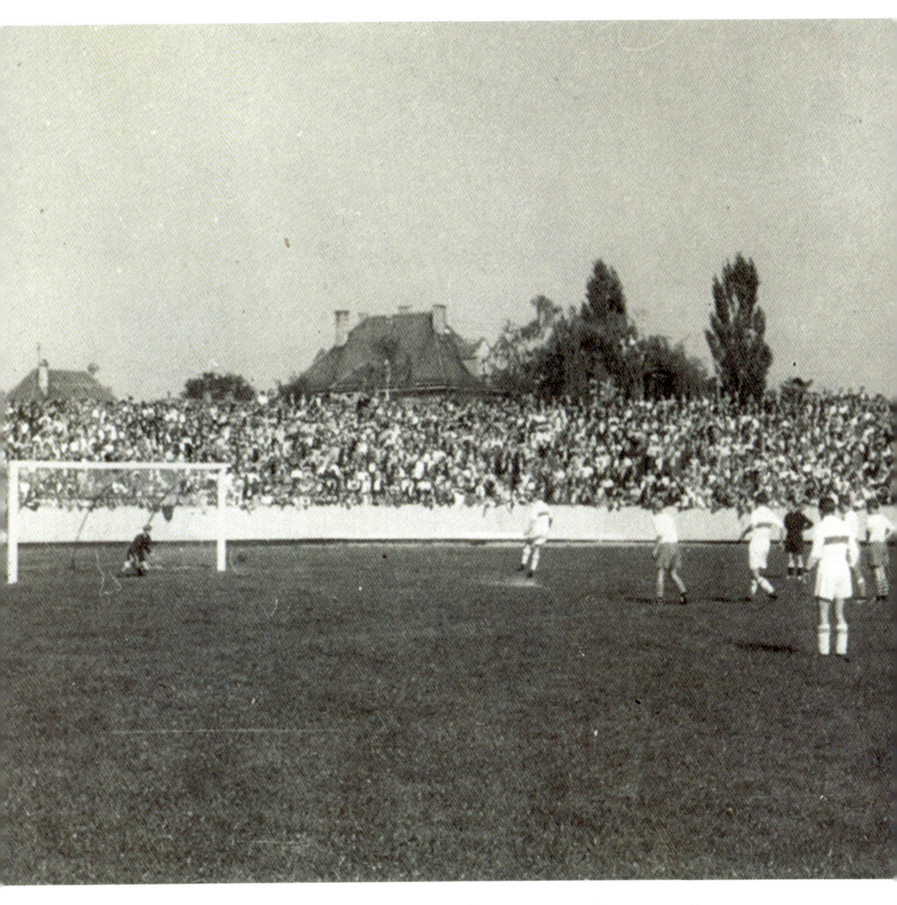

Mit dem Auftaktspiel der Oberliga-Saison 1946/47 gegen den VfB Stuttgart konnte der BCA sein renoviertes Stadion eröffnen.

ums Stadionoval für weitere knapp 20.000 Besucher ausgebaut. Zum Start der zweiten Oberliga-Saison konnte dann das neue Schmuckstück eingeweiht werden. Der Zuschauerrekord datiert auf den 14. Mai 1949, als 26.000 dicht gedrängt einen für den späteren Klassenerhalt immens wichtigen 2:1-Sieg gegen Ulm bejubelten.

Ein Mann, elf Zehen, 1175 Tore

Ernst Willimowski war sicherlich einer der außergewöhnlichsten Fußballer, die je am Lech gekickt haben. Die „schlesische Torfabrik“, wie er genannt wurde, spielte sowohl für die polnische als auch für die deutsche Nationalmannschaft. Bei der WM 1938 war er der erste Spieler, der vier Treffer in einer Partie erzielen konnte – und Gegner war immerhin Brasilien. Die Südamerikaner, schon damals eine Fußball-Macht, konnten nach Verlängerung die Partie noch mit 6:5 für sich entscheiden. Am Abend feierten die Polen gemeinsam mit den Brasilianern – und Willimowski präsentierte das Ergebnis mit seinen Füßen: Am linken Fuß hatte er einen zusätzlichen sechsten Zeh. Der 1916 in Kattowitz geborene Stürmer soll in dieser Nacht drei Verträge unterschrieben haben, kehrte dann aber doch nach Polen zurück.

Nach dem Einmarsch der Wehrmacht 1939 erhielt er die deutsche Staatsbürgerschaft und wurde bald von Trainer Sepp Herberger in die Nationalelf berufen. In acht Länderspielen erzielte er sensationelle 13 Tore.

Zur Oberliga-Saison 1948/49 konnte der BC Augsburg den Wunderstürmer in die Fuggerstadt locken. Doch lange währte das Gastspiel nicht. Sechsmal kam er zum Einsatz, drei Treffer konnte er erzielen. Dann wurde er sozusagen unrühmlich entlassen. Denn Willimowski machte nicht nur Jagd auf Tore, sondern auch auf die Augsburgerinnen. Das war auch dem Pfarrer der neben dem BCA-Stadion gelegenen Kirche St. Martin nicht entgangen. Mit einem Fernrohr bewaffnet erwischte er den Draufgänger in flagranti beim Liebesspiel auf dem Nebenplatz.

In seiner Karriere, die Willimowski 1959 beim Kehler FV beendete, soll er 1175 Treffer erzielt haben. Damit wäre er gemeinsam mit dem Tschechen Josef Bican, Gerd Müller, den Brasilianern Arthur Friedenreich und Pelé sowie dem Österreicher Franz Binder im recht illustren Klub der Spieler, die auf mehr als 1.000 Tore kommen.

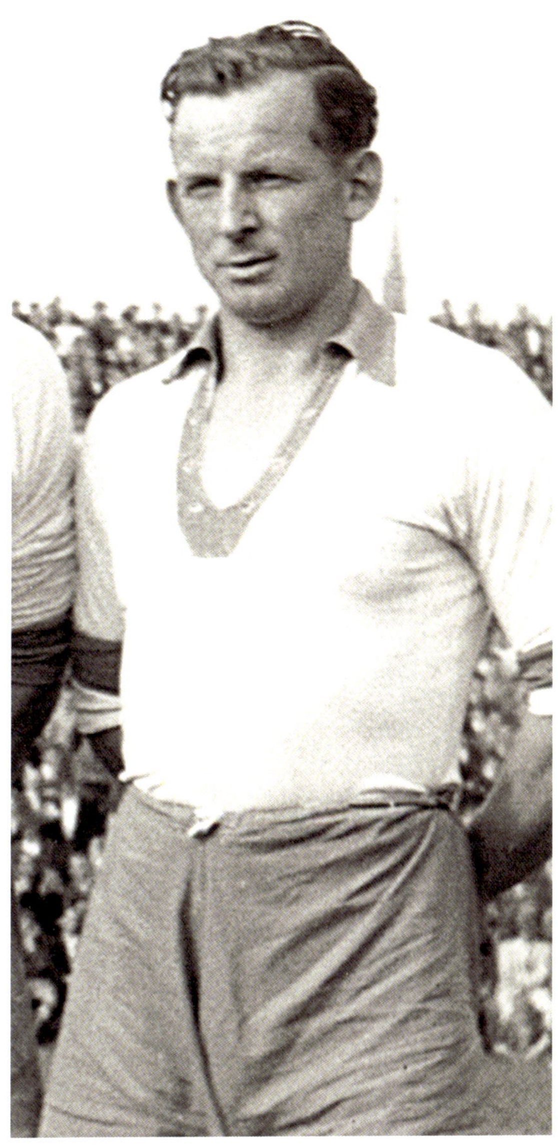

Ernst Willimowski, die „schlesische Torfabrik“, kam beim BCA nur auf sechs Spiele und drei Tore.

Zahlen und Fakten

ERFOLGE

1945
Gründungsmitglied der Oberliga Süd

1948, 1952 und 1961
Aufstieg in die Oberliga Süd

1966, 1973, 1980, 1982, 1994 und 2002
Meister der Bayernliga

1974
Meister der Regionalliga Süd und Teilnahme an den Aufstiegsspielen zur Bundesliga

1974
Gründungsmitglied der 2. Bundesliga Süd

1980
Finale um die deutsche Amateurmeisterschaft (1:2 gegen VfB Stuttgart Amateure)

1980, 1982 und 2006
Aufstieg in die 2. Bundesliga

1991, 1992, 1994 und 1995
Die A-Junioren gewinnen den DFB-Pokal.

1993
Die A-Junioren gewinnen die Deutsche Meisterschaft.

2010
Halbfinale des DFB-Pokals (0:2 gegen Werder Bremen)

2011
Aufstieg in die Bundesliga

2015
Fünfter der Bundesliga und Qualifikation für die Europa League

2022
Die A-Junioren werden Meister der Bundesliga Süd/Südwest.

Freude über den Erstliga-Aufstieg 2011: Moritz Leitner

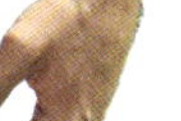

Die alte Heimat

Wenige Monate nach der Eröffnung feierte der BC Augsburg sein Debüt in der modernen Arena: Am 9. März 1952 wurde Aalen in der II. Liga Süd mit 6:1 besiegt. Für mehr als ein halbes Jahrhundert wurde die Rosenau zur Heimat der rot-grün-weißen Fußballer und ihrer Anhänger, die hier Aufstiege feierten und verpassten und Abstiege betrauerten. Am 17. Mai 2009 trug der FCA mit einem 1:1 gegen Wehen-Wiesbaden sein finales Pflichtspiel im Rosenaustadion aus. Rund 1.000 Spiele dürften es gewesen sein, die der BCA und der FCA hier ausgetragen haben. Ob vor ausverkauftem Haus oder ein paar Hundert Zuschauern – was wurde hier gejubelt und geschimpft, gefeiert und geheult …

Mit warmen Worten wurde bei der Eröffnung des neuen Augsburger Großstadions im Jahr 1951 nicht gespart. „Eines der schönsten Stadien in Europa" jubelte die „Neue Zeitung" aus München. „Eine der größten und modernsten Anlangen im Bundesgebiet", schrieb der Sportkurier über den Neubau, der zum Zeitpunkt der Eröffnung nach dem Olympiastadion in Berlin und dem Stuttgarter Stadion die drittgrößte Sportstätte im Lande war.

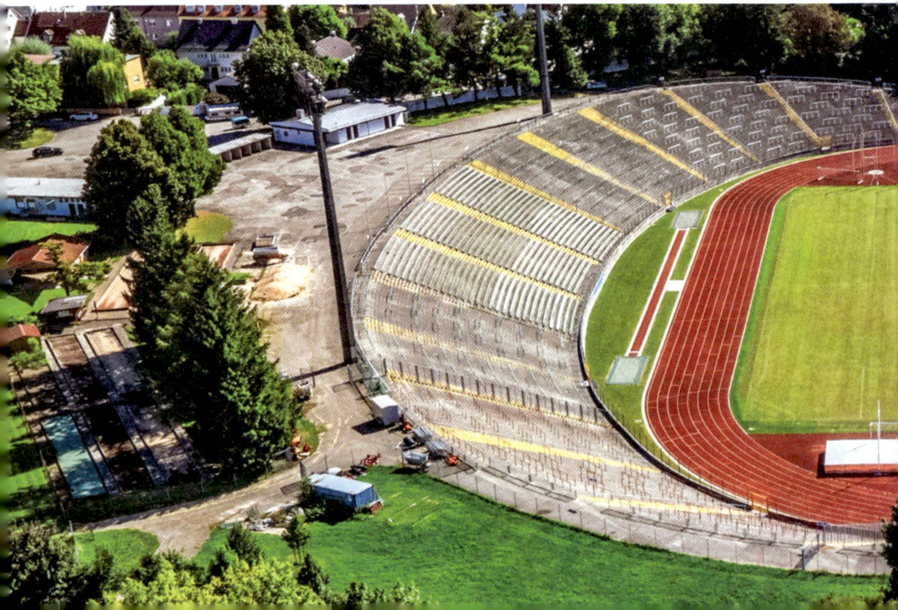

Der Zuschauerrekord wurde ein gutes Jahr nach der Eröffnung verzeichnet, als die deutsche Nationalmannschaft die Schweizer Elf mit 5:1 besiegte. Damals wurden zusätzliche Stahlrohrtribünen aufgestellt, um den 64.586 Zuschauern Platz zu bieten.

Aber auch abseits vom Augsburger Fußball hat die Arena viel erlebt: In den 1950er Jahren verfolgten bis zu 40.000 Zuschauer auf den Rängen Feldhandballspiele, 1958 strömten insgesamt 85.000 Menschen an zwei Tagen ins Stadion, um den Leichtathletik-Wettkampf Deutschland gegen die Sowjetunion zu sehen. Das Stadion war 1957 Austragungsort des DFB-Pokalfinales, mit einem 1:0 gegen Düsseldorf holten die Bayern zum ersten Mal den Pokal. Und 1972 gingen dort vier Vorrundenspiele des olympischen Fußballturniers über die Bühne. Heute geht es in der südlich der Augsburger Innenstadt gelegenen Sportstätte, die seit 2014 unter Denkmalschutz steht, deutlich ruhiger zu. Die Heimspiele der 2. Mannschaft des FCA verfolgen meist einige hundert Besucher auf der Haupttribüne, die baufälligen Stehränge sind gesperrt.

Auf Kriegstrümmern erbaut: 1951 wurde das Rosenaustadion eröffnet.

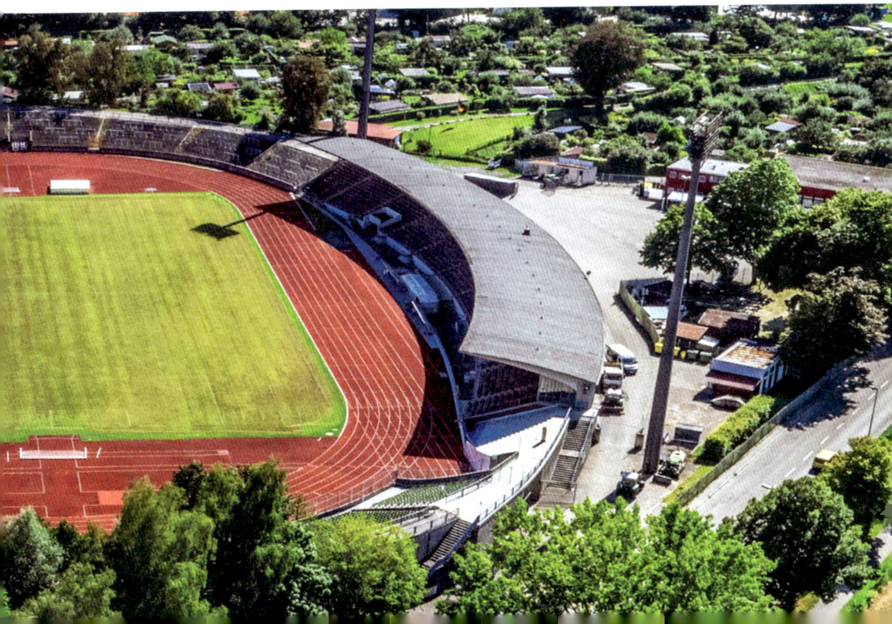

Dank Schweinebraten wie ein junger Gott

Mit Fußballern und dem Essen ist es ja so eine Sache. Die einen verfolgen strikt auf sie abgestimmte Ernährungspläne. Die anderen haben mit ihrem hart erkickten Geld nichts anderes zu tun, als es in Dubai in blattgoldverzierte Riesensteaks zu investieren. Etwas hemdsärmeliger ging es da bei Ludwig „Luk" Schuller zu.

Anfang der 1950er Jahre entwickelte sich der Außenstürmer aus der Oberpfalz zu einem der torgefährlichsten Spieler im Süden. 1952/53, in seiner ersten Saison beim BCA, erzielte er 19 Treffer, auch in den folgenden vier Spielzeiten traf er durchgängig zweistellig – und das mit teils schwerem Magen. Denn der ehemalige Regensburger aß nichts lieber als einen Schweinebraten – und das vor Spielbeginn. Dabei hatte er einen empfindlichen Verdauungstrakt, er vertrug das Busfahren nicht und musste sich bei Auswärtsspielen mit einem Brei begnügen. Ging es ihm aber gut, musste ein Schweinebraten her. Natürlich haderten seine Trainer mit den kalorienreichen Essgewohnheiten, am Ende aber hatten sie immer ein Einsehen. Wie der Österreicher Karl Sesta: „Andere könnten keinen Schritt laufen, wenn sie diese Portionen essen würden, aber Schuller spielte wie ein junger Gott, wenn er ein halbes Pfund Schweinebraten im Magen hat."

Übrigens: Als Schuller zum ersten Mal das BCA-Dress trug, war es ein ganz besonderer Tag – und das in doppelter Hinsicht. Zum krönenden Abschluss der Spielzeit 1951/52, die für die Augsburger dank des besten Sturms aller Vertragsspieler-Vereine (in den 34 Saisonspielen wurden 106 Treffer erzielt) mit dem Aufstieg in die Oberliga endete, wurde der ruhmreiche FC Liverpool eingeladen. Über 30.000 Zuschauer verfolgten im Rosenaustadion die Partie gegen die Engländer, die mit 1:4 verloren ging. Der BCA hatte sich mit einem Leihspieler aus Cham verstärkt, den man wenige Wochen später fest verpflichteten konnte: Ludwig Schuller. Und im Vorspiel, bei dem die Schülermannschaften des BCA und des SV Mering den Bezirksmeister ermittelten, machte ein Akteur im viel zu großem Trikot besonders auf sich aufmerksam. In der „Schwäbischen Landeszeitung" war am folgenden Tag zu lesen: „Beim BCA fiel besonders der kleine blonde Mittelstürmer auf." Es war der erste Satz, der über Helmut Haller in der Zeitung stand.

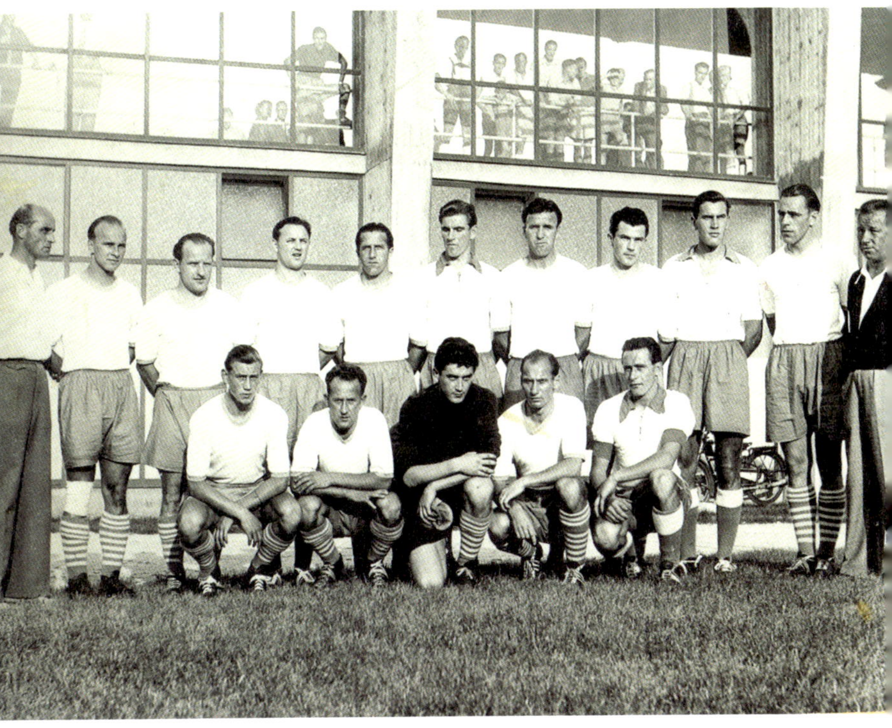

Die Mannschaft des BC Augsburg in der Saison 1952/53

Das österreichische Kraftpaket

Ein Beispiel für besondere Typen beim BC Augsburg ist Karl Sesta. Der 1906 geborene Österreicher trainierte den BCA in der Spielzeit 1952/53.

Sestas Karriere als Spieler begann in Simmering bei Vorwärts XI, später spielte er für Austria Wien, für die österreichische Nationalmannschaft lief er 44-mal auf.

Bei einem Gastspiel in England soll sich ein Wortwechsel mit Prinz George, dem vierten Sohn des englischen Königs George V., ereignet haben: Auf die Feststellung des Prinzen, wie wunderbar der Beruf des Fußballers doch sein müsse, antwortete Sesta lapidar: „Sie haben aber auch keine schlechte Hackn, Majestät." Hackn bedeutet im Wiener Dialekt Arbeit.

Ein schlagfertiger Konter, doch Sesta war allein körperlich eine Erscheinung: Nur 1,65 Meter groß, brachte er es auf 84 Kilogramm Kampfgewicht. Das kam dem Allrounder in seinen anderen Disziplinen zugute. Er boxte und betätigte sich als Ringer, außerdem fuhr er Wasserski. Als er noch für den Simmeringer SC spielte, soll eine Tournee des Vereins nach Schweden nur deshalb zustande gekommen sein, weil sich Sesta, der in den 1920er Jahren österreichischer Ringermeister war, bereit erklärt hatte, in Skandinavien auch in dieser Sportart anzutreten.

Nach dem Anschluss Österreichs an das Deutsche Reich 1938 wurde Sesta dreimal in die deutsche Nationalmannschaft berufen. Erstmals kam er am 15. Juni 1941 gegen Kroatien zum Einsatz. Mit 35 Jahren ist er der älteste Debütant in der Geschichte der deutschen Elf.

Unser Mann in Bern

Was haben die Herren Heinz Kubsch, Karl-Heinz Metzner, Herbert Erhardt und Ulrich Biesinger gemein? Man muss schon ein wenig mit der Fußball-Historie betraut sein, um auf die Lösung zu kommen. Sie lautet: Alle vier Spieler waren Teil der DFB-Mannschaft, die bei der WM 1954 im legendären Finale gegen Ungarn den ersten Titel nach Deutschland holten.

Doch eingesetzt wurde das Quartett bei den sechs Partien des Turniers nicht. Für Uli Biesinger vom BC Augsburg war das nicht die große Überraschung: Der 20-Jährige stieß zwar nach einer guten Saison mit 18 Treffern in der Oberliga Süd zum Kader, doch ein Spiel in der Nationalmannschaft hatte er noch nicht absolviert. Dabei hätte es bei der 3:8-Vorrunden-Niederlage gegen Ungarn fast geklappt. Trainer Sepp Herberger wollte eigentlich Fritz Walter schonen, für ihn sollte der junge Mann aus Schwaben antreten. Biesinger wollte gerade das weiße Trikot überstreifen. „Da kam der Fritz und hat mir erklärt, dass er nun doch selbst spielen wollte", erinnerte sich später der stille Held von Bern.

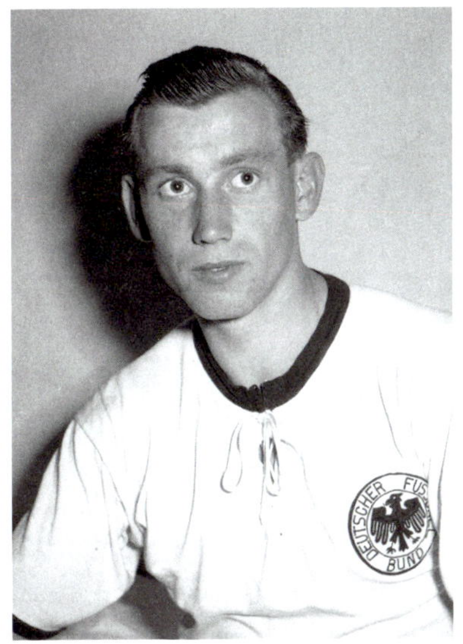

Er durfte sich Weltmeister nennen, obwohl er 1954 zu keinem Einsatz in der Schweiz kam: Ulrich Biesinger im Nationaltrikot

Sein Debüt im deutschen Team gab Biesinger dann im Herbst 1954. Am 26. September 1954 stand er in Brüssel auf dem Platz, als der frischgebackene Weltmeister mit 0:2 gegen Belgien verlor. Insgesamt kam der Augsburger auf sieben Einsätze im Nationaltrikot.

Zweitklassig mit zwei Nationalspielern

Zweitliga-Spieler in der Elf mit dem Adler auf der Brust? Das ist schon ab und an vorgekommen. Der bekannteste Fall ist wohl Lukas Podolski, der nach dem Abstieg der Kölner 2004 14 seiner insgesamt 130 Länderspiele als zweitklassiger Profi bestritt. Ein weiterer Bekannter ist Stefan Effenberg, der 1993/94 mit dem AC Florenz in die Serie B musste, aber Nationalspieler blieb. Insgesamt stehen seit der Einführung der Bundesliga 1963 fünf Beispiele in den Annalen.

Aber dass ein Verein mit zwei aktuellen Nationalspielern in der zweiten Liga kickt und dann noch nicht einmal den Aufstieg schafft? Das gab es wohl nur beim BCA. Außerdem kommt hinzu: Die Rede ist von der Saison 1959/60, als erstklassig noch in vier Oberligen sowie der Berliner Stadtliga dem Ball hinterhergejagt wurde und Bundestrainer Sepp Herberger somit die Auswahl nicht nur aus 18 Bundes-, sondern aus sage und schreibe 75 Erstligisten hatte. Zugegeben: Uli Biesinger hatte am 28. Dezember 1958 sein letztes von sieben Länderspielen bestritten, aber dass im Laufe der Saison 1959/60 kein weiteres hinzukommen sollte, konnte man da noch nicht wissen. Und Nachwuchs-Star Helmut Haller kam in der Saison als Zweitliga-Spieler gegen Chile, Portugal und Irland zu seinen Nationalelf-Einsätzen sechs, sieben und acht. In der II. Liga Süd reichte es dennoch nur zu einem ernüchternden sechsten Platz.

Die Liga war damals mit Mannschaften wie dem späteren Meister Waldhof Mannheim, Jahn Regensburg, der SpVgg Bayreuth, Hessen Kassel, dem Freiburger FC oder Darmstadt 98 stark besetzt. Gegen Ende der Saison gab es einen 10:1-Kanter-

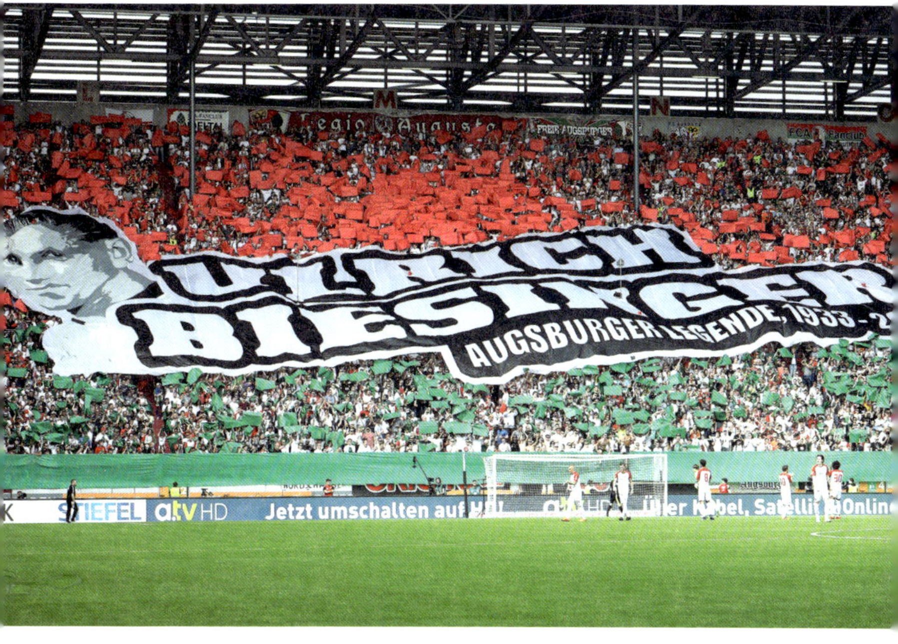

Seit August 2018 hat der FCA-Fanblock im Süden der Arena einen Namen: Ulrich-Biesinger-Tribüne

sieg gegen den Tabellennachbarn TSV Straubing, der BCA hatte mit 81 Treffern – 23 davon steuerte Biesinger bei, 16 Haller – eine der torgefährlichsten Angriffsreihen der Liga. Dennoch fehlten am Ende satte acht Punkte auf den Meister.

In der folgenden Spielzeit machten es die Weiß-Blauen dann besser: Nach 34 Spielen stand der BCA ganz oben in der Liga, Immer-noch-Nationalspieler Helmut Haller wurde mit 31 Treffern Torschützenkönig der Liga – und mit den Schwaben als Tabellenzweitem kam der zweite Aufsteiger in die Oberliga ebenfalls aus Augsburg.

Aus der Grafstraße in die Fußballwelt

Der Mann mit den goldenen Beinen. Hemad. Il Biondo. Hallerluja. Klingelt's? Die Rede ist natürlich von Helmut Haller, dem talentiertesten Kicker der Stadt. Wenn man in Augsburg nach den größten Söhnen der Stadt fragt, dann werden in aller Regel Anton Fugger, Berthold Brecht und Helmut Haller genannt. Die Gewichtung hängt meist von den persönlichen Vorlieben für Finanzen, Literatur oder Fußball ab. Seine Kindheit verbrachte der 1939 geborene Haller in der Gegend um den Oberhauser Bahnhof, wo heute der große Platz nach ihm benannt ist.

In der Grafstraße war er zuhause, dort wurde mit den Freunden „gfuaßlt" – und bald bekamen auch die Herren aus der BCA-Jugendabteilung von dem Talent zu hören. „Im Juni 1948, also im Alter von neun Jahren, spielte ich zum erstenmal für den BCA und zwar in der 4. Schülermannschaft", so erinnert sich Haller in Robert Deiningers Buch „Der Mann mit den goldenen Beinen". „Auf dem Platz in Kriegshaber verloren wir mit 1:2. Zufällig schoß ich das einzige Tor, übrigens fast von der Mittellinie – und mit meinen Sonntagsschuhen. Ich konnte mir damals einfach noch keine Fußballstiefel leisten. Als ich nach Hause kam, setzte es eine gehörige Tracht Prügel von der Mutter. Die Schuhe sahen ‚sauber' aus." Glücklicherweise hatten die BCA-Verantwortlichen ein Einsehen und kümmerten sich um das passende Schuhwerk. Eine Karriere nahm ihren Lauf.

Dank seiner herausragenden technischen Fähigkeiten und trotz seiner schmächtigen Figur, die ihm den Spitznamen „Hemad", also „Hemd", einbrachte, übersprang das Ausnahmetalent immer wieder eigentlich altersgemäße Jugendmannschaften und kam kurz nach seinem 18. Geburtstag zu seinem Punktspieldebüt im BCA-Dress, als die Augsburger am 11. August 1957 mit 3:6 in Offenbach verloren. „In der ersten Punktspiel-Saison beim BCA, 1957/58, absolvierte ich als Küken der Mannschaft als einziger alle 30 Oberligatreffen. Es machte mir richtig Spaß, die Träger großer Namen mit meinen Tricks hereinzulegen", blickt Haller in „Der Mann mit den goldenen Beinen" auf seine ersten Meriten im Erwachsenenfußball zurück.

Auch dem Bundestrainer Sepp Herberger blieben die Fähigkeiten des jungen BCA-Spielers nicht verborgen und so debütierte Haller bereits am 24. September 1958 in der A-Nationalmannschaft, die in Kopenhagen 1:1 gegen Dänemark spielte. Haller blieb sogar noch beim BCA, als der in den Punktrunden 1959/60 und 1960/61 lediglich in der II. Liga Süd kickte. Doch nach der Weltmeisterschaft 1962 in Chile zog es ihn endlich in die Ferne. An Angeboten soll es bereits zuvor nicht gemangelt haben, natürlich buhlten zahlreiche deutsche Großvereine um den Halbstürmer, aber eben auch Klubs aus Italien. Besonders bemühte sich der FC Bologna um die Dienste des Augsburgers, und nach langem Tauziehen unterschrieb Haller

Helmut Haller schoss das erste Tor im WM-Finale 1966 gegen England. Daher stibitzte er auch den Ball, schleuste ihn an Queen Elisabeth vorbei und nahm ihn als Andenken mit nach Deutschland.

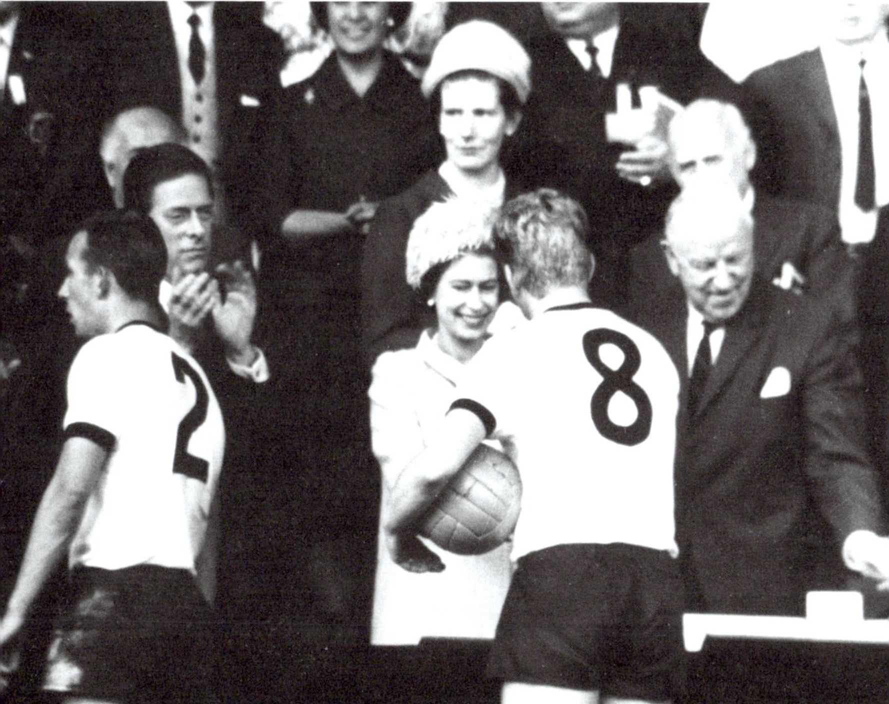

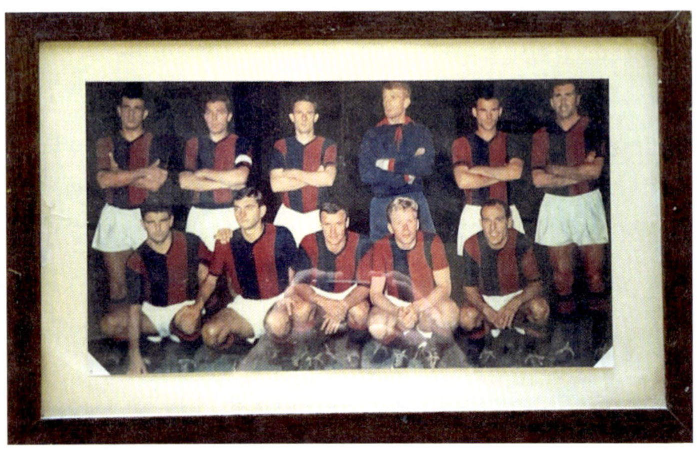

Im ältesten Lokal Bolognas, der Osteria del Sole, hängen noch Mannschaftsbilder des FC Bologna mit Helmut Haller aus den 1960er Jahren.

schließlich nach der WM bei den Italienern. Als einer der ersten deutschen Fußballer zog er über den Brenner und begann das Abenteuer Profi-Fußball. In der Augsburger Schuhfabrik hatte Haller für einen Monatslohn von 250 DM halbtags gearbeitet, nun erhielt er allein 300.000 Mark als Handgeld, die erste Rate über 100.000 Mark bar bei der Vertragsunterschrift.

Das Abenteuer hat sich für das „Hemad" aus Oberhausen gelohnt – finanziell, aber auch sportlich. In Bologna spielte er bis 1968, gewann 1963/64 die erste und einzige Nachkriegsmeisterschaft mit dem FC Bologna und wurde nach der Saison als erster Ausländer überhaupt als Fußballer des Jahres in Italien ausgezeichnet. Ab 1968 lief Haller für Juventus Turin auf, holte dort 1972 und 1973 zwei weitere Meisterschaften und stand im Endspiel um den Europapokal der Landesmeister, das mit 0:1 gegen Ajax Amsterdam verloren ging. Er war nach der WM 1962 Teilnehmer der Weltmeisterschaften 1966 in England und 1970 in Mexico und belegte mit der deutschen Elf den zweiten beziehungsweise dritten Platz. 1974 kehrte Haller nach Augsburg zurück und führte den FCA beinahe in die Bundesliga. Aber das ist eine andere Geschichte.

Wahre Geschichten

›› Ein Hobbyscout vermittelte dem damals 17-jährigen Kevin Kurányi ein Probetraining beim Regionalligisten FC Augsburg. Weil die dortigen Experten ihn wegen „völliger Perspektivlosigkeit" wieder heimschickten, hätte Kurányi beinahe seine Fußballschuhe an den Nagel gehängt. Später spielte der Stürmer 52-mal für die deutsche Nationalmannschaft.

›› So ein Angebot liegt auch nicht jeden Tag im Faxgerät: Der Berater des uruguayischen Stürmers Diego Forlán bot dem Regionalliga-Aufsteiger FC Augsburg 2002 die Dienste seines Klienten an. Für schlappe zehn Millionen Euro. Soviel lag gerade nicht auf der hohen Kante, statt dessen wechselte Forlán zu Manchester City und feierte gleich mal die englische Meisterschaft.

›› Die lang ersehnte Rückkehr in die 2. Bundesliga schaffte der FCA 2006. Fix gemacht wurde der Aufstieg bei einem Nachholspiel in Trier – vor gerade einmal 40 Augsburger Fans.

›› Auch Google feierte den Augsburger Aufstieg in die Bundesliga 2011. Wer in den Monaten nach dem entscheidenden Spiel gegen den FSV Frankfurt die Augsburger Arena auf Google Maps suchte, erblickte einen der stolzesten Augenblicke der Vereinsgeschichte: Das Luftbild zeigte die Arena wenige Sekunden nach dem Schlusspfiff, als Fans auf dem Rasen mit den Spielern feierten.

›› Beim FCA spielte Werner Rank von 1997 bis 2000 in der drittklassigen Regionalliga. In 64 Partien erzielte er 24 Tore. Das Besondere an dem Spieler: Der 1968 geborene Rank spielte von der damaligen C-Klasse bis zur Bundesliga in jeder deutschen Spielklasse und erzielte auch für jeden seiner Vereine mindestens ein Pflichtspieltor.

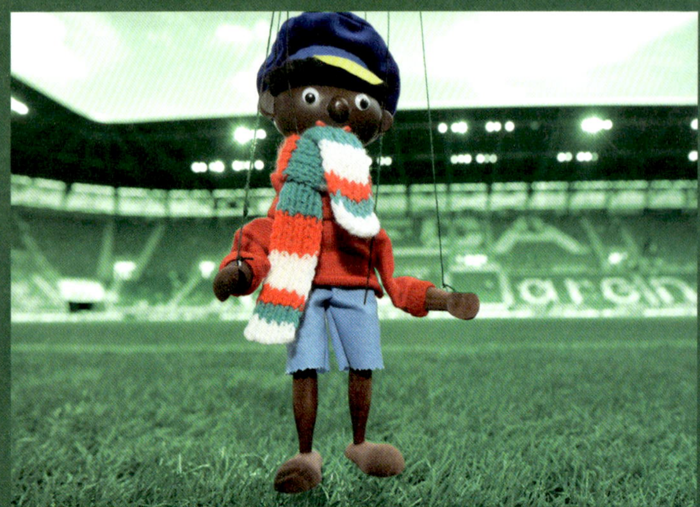

Bundesliga-Präsent aus der Stadt der Augsburger Puppenkiste: Jim Knopf

›› Seit dem Aufstieg in die Bundesliga überreicht der FCA-Kapitän seinem Gegenüber ein besonderes Geschenk: Eine Marionette aus der Augsburger Puppenkiste. In der Premierensaison wurde Jim Knopf überreicht, aber auch Kater Mikesch, der Lokomotivführer Lukas, Prinzessin Li Si oder der Räuber Hotzenplotz hatten bereits die Ehre.

›› Eines unterscheidet den FCA von den 126 anderen Vereinen, die jemals in der 2. Liga gespielt haben, und sämtlichen Klubs, die jemals in der Bundesliga vertreten waren: Kein anderer hat die Vereinsfarben Rot, Grün und Weiß.

›› Eine Zaunfahne war es, die Walther Seinsch im Jahr 2000 letztendlich überzeugte, beim FCA einzusteigen. Mit dem Präsidenten ging es von der viertklassigen Bayernliga bis ins Oberhaus. Der Unternehmer interessierte sich nicht nur für Fußball, gemeinsam mit seiner Frau hatte er die „Stiftung Erinnerung“ gegründet, die die wissenschaftliche Aufarbeitung des Nationalsozialismus unterstützt. Engagement gegen rechte Umtriebe erkannte er auch bei der Augsburger Anhängerschaft. Auf der Fahne stand: „FCA-Fans gegen Rechts“.

›› Mit Abiodun Obafemi wechselte zu Beginn der Saison 2001/02 ein Goldmedaillengewinner zum Bayernligisten. Mit den Super Eagles hatte er 1996 das olympische Fußballturnier gewonnen. Während seiner Zeit beim viertklassigen FCA gab es ein Benefizspiel des frischgebackenen Meisters Borussia Dortmund gegen eine Weltauswahl. Dort spielten unter anderem mit Dunga, Andreas Herzog, Bebeto und Zé Roberto ziemliche Hochkaräter. FCA-Fans, die die Partie im Fernsehen verfolgten, hatten nach einer Stunde Grund zum Jubel: Der Augsburger Spieler Obafemi wurde bei der Weltauswahl eingewechselt.

›› Der in Kempten geborene Ilhan Mansiz feierte große Erfolge mit der FCA-Jugend. Später avancierte er zum Nationalspieler und erreichte mit der Türkei das Halbfinale der WM 2002. Noch etwas später spielte er in zwei Serien des türkischen Fernsehens mit und arbeitete als Moderator. Und noch etwas später begann er eine Karriere als Eiskunstläufer. Man kann gespannt sein, was noch kommt.

›› Der langjährige BR-Moderator Heinz Köppendörfer („Blickpunkt Sport“) war ein begabter Torwart. 1958 wechselte er von den Schwaben zum BCA, wo er gemeinsam mit Helmut Haller spielte. Wegen seines Lehramt-Studiums beendete er bald seine Fußball-Karriere.

›› Waldemar Hartmann, prominenter Moderator und Reporter für die ARD, betrieb in den 1970er Jahren in der Fuggerstadt die Kneipen „Waldis Pub“ in der Stettenstraße und „Waldis Club“ am Königsplatz. Gern gesehene Gäste waren die Fußballer des FCA.

Aus dem BCA wird der FCA

Nun, so einfach, wie es in der Überschrift klingt, war es natürlich nicht. Schon etliche Jahre war in der Fuggerstadt über die Bündelung der (Fußball-)Kräfte diskutiert worden. Noch vor der Einführung der Bundesliga war klar, dass die Stadt auf Dauer nicht für zwei Großvereine gemacht ist. Immer seltener konnten sich sowohl Schwaben wie auch der BCA in höheren Gefilden halten. Als die neue Eliteklasse 1963 startete, waren beide Augsburger Klubs meilenweit von einer Aufnahme entfernt. Ab 1964 verbrachte dann der BCA die meiste Zeit in der drittklassigen Bayernliga, und die Schwaben taten sich immer schwerer, die Kosten für ein zweitklassiges Regionalliga-Team zu stemmen.

Aber 1969 kam Bewegung in die Sache. Der BCA schickte sich an, in die zweitklassige Regionalliga aufzusteigen, konnte sich aber keine Verstärkungen leisten. Die Schwaben ihrerseits standen vor dem Abstieg aus der Zweitklassigkeit, der Gesamtverein war auf eine Rückkehr in den bezahlten Fußball nicht erpicht. Die Mitglieder des BCA stimmten schließlich Ende Juni mit überwältigender Mehrheit für einen Zusammenschluss ihres Traditionsvereins mit der Lizenzspieler-Abteilung der Schwaben. Als die Violetten dann bei einer außerordentlichen Mitgliederversammlung für die Auflösung ihrer Fußballabteilung „zum Zwecke der Fusion mit dem BCA“ votierten, war der Weg für den neuen Namen „Fußballclub Augsburg e.V., gegründet 1907“ frei.

Noch heute gibt es Menschen, die meinen, der FCA trage das Gründungsjahr 1907 zu Unrecht im Namen. Aber letztendlich war es doch so, wie es Christian Kreikle in seiner Schwaben-Vereinsgeschichte zusammenfasst: „Der BCA hatte seinen Namen geändert ... und Schwaben seine Fußballabteilung aufgelöst.“

Endlich zweitklassig

Es dauerte einige Jahre, bis die Fusion von 1969 endlich Früchte trug. Dabei hatte Herbert Erhardt, erster Trainer des neuen FC Augsburg, klare Ziele formuliert: „Ich will mit dem FCA in die 1. Bundesliga aufsteigen." Daraus, so viel ist inzwischen bekannt, wurde erst einmal nichts. Die Premierensaison 1969/70 endete für den FCA auf dem vierten Platz der Bayernliga, danach folgten der dritte und der achte Rang, bevor 1973 endlich der Aufstieg in die Regionalliga und damit in die Zweitklassigkeit gelang. Die Entscheidung um die Meisterschaft fiel erst im Saisonfinale. Am vorletzten Spieltag musste der FCA zum Tabellenführer ESV Ingolstadt, der zwei Punkte Vorsprung auf die Fuggerstädter hatte. Über 10.000 Zuschauer drängten sich im ESV-Stadion, darunter mehr als 4.000 Augsburger. Und dem FCA gelang der Coup. Dank der Tore von Günter Meyer und Alwin Fink gewannen die Rot-Grün-Weißen mit 2:0. Dann der letzte Spieltag – Rekordkulisse: Rund 15.000 Zuschauer wollten den FCA im Rosenaustadion aufsteigen sehen. Die Mannschaft von Trainer Kurt Schwarzhuber tat den Besuchern den Gefallen und besiegte den FC Herzogenaurach mit 3:1, während sich Ingolstadt bei den Würzburger Kickers mit einem torlosen Unentschieden begnügen musste. Der FCA war wieder da. Oder vielmehr: endlich.

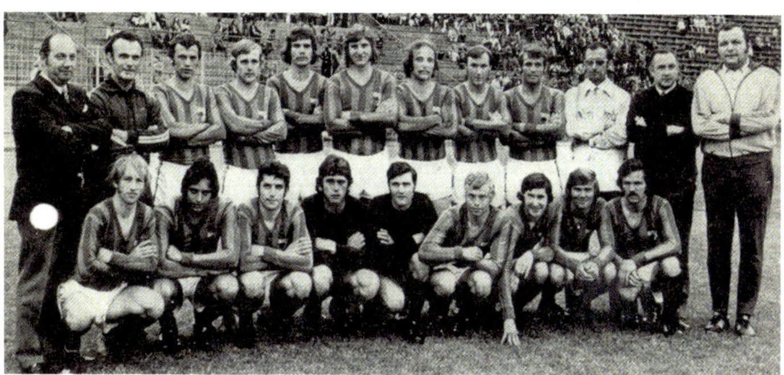

Die Meistermannschaft 1973

Das fast perfekte Fußballwunder

Helmut Haller war ein heimatverbundener Mann. Aber um als der herausragende Fußballer, der er war, auch finanziell von seinem Talent zu profitieren, musste er Deutschland verlassen. In einem Interview mit dem BR sprach er schon 1965 von einer erhofften Rückkehr nach Deutschland, am besten „zu einem der beiden Münchener Vereine“. Soweit kam es dann doch nicht – und es sollte auch noch etwas dauern, bis der Augsburger über den Brenner zurückkam. Nach elf erfolgreichen Jahren im Süden wechselte er 1973 in sein Heimatland – und zu seinem Heimatverein, der dann FC Augsburg hieß.

Nach langen Jahren in der Drittklassigkeit hatten die Augsburger erst den Aufstieg in die zweitklassige Regionalliga Süd geschafft, die mit namhaften Vereinen wie dem TSV 1860 München, dem 1. FC Nürnberg oder dem Karlsruher SC gespickt war. Mit dem 34-jährigen Italien-Rückkehrer schaffte es die FCA-Elf, eine noch nicht gekannte Fußballeuphorie in der Fuggerstadt auszulösen, die um ein Haar zum Aufstieg in die Bundesliga geführt hätte.

Die FCA-Verantwortlichen hatten sich in der Vorbereitung auf die Regionalliga-Spielzeit schon früh um Haller bemüht, der kundgetan hatte, dass er dem Profifußball den Rücken kehren wolle. Gerüchteweise soll der Star auch mit dem Nürnberger Club und dem VfR Heilbronn geliebäugelt haben, doch letztendlich konnte ihn sein Heimatverein von Juventus Turin verpflichten – für eine Million Lire Ablöse, umgerechnet 22.000 Euro. Natürlich gab es noch weitere Verstärkungen, beispielsweise kamen die ehemaligen Augsburger Erich Weixler und Heiner Schuhmann von den Löwen wieder an den Lech. Vom Regionalliga-Absteiger Reutlingen konnten Torhüter Hans Hauser, die Mittelfeldspieler Wolfgang Haug und Klaus Vöhringer sowie Trainer Milovan Beljin unter Vertrag genommen werden. Von den Bayern wurde Hans Jörg für ein Jahr ausgeliehen und vom VfB Stuttgart wechselte der Ex-Schalker Herbert Höbusch zum FCA.

Beljin gelang es schnell, eine schlagkräftige Truppe zu formen. Bevor die Punktspiele starteten, wurden der Karlsruher SC und Greuther Fürth aus dem Pokal geworfen. Der Regionalliga-Auftakt geriet mit einem 6:2-Sieg gegen Heilbronn vor 18.000 Zuschauern furios. Dann folgte schon eines der spektakulärsten Ereignisse in der FCA-Geschichte: Die Rot-Grün-Weißen gastierten am 2. Spieltag bei 1860 München – die Löwen waren als klarer Titelaspirant in die Runde gestartet. Rund 35.000 Augsburger hatten sich in das mit 79.000 Zuschauern ausverkaufte Olympiastadion aufgemacht, die Autobahn war voll mit Autos, aus denen FCA-Fahnen wehten. Bei Anpfiff standen noch Tausende, die kein Ticket mehr ergattern konnten, vor den Toren. Bald gingen die Löwen in Führung, und als nach elf Minuten Klaus Vöhringer zum Ausgleich traf, gab es kein Halten mehr. Die Ordner öffneten die Tore. „Das mussten wir machen", sagte später 1860-Geschäftsführer Klaus Amarell, „sonst wäre das Chaos perfekt

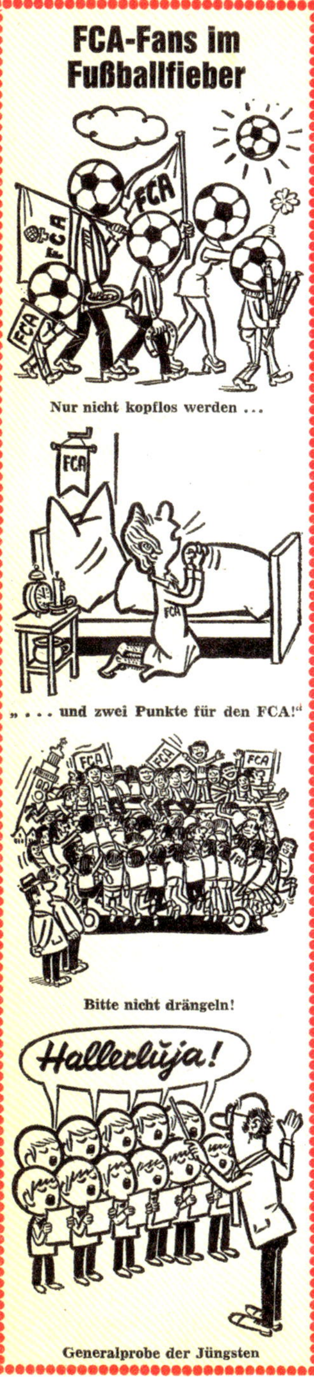

Die Augsburger Fußballeuphorie 1973/74 aus der Sicht des Karikaturisten

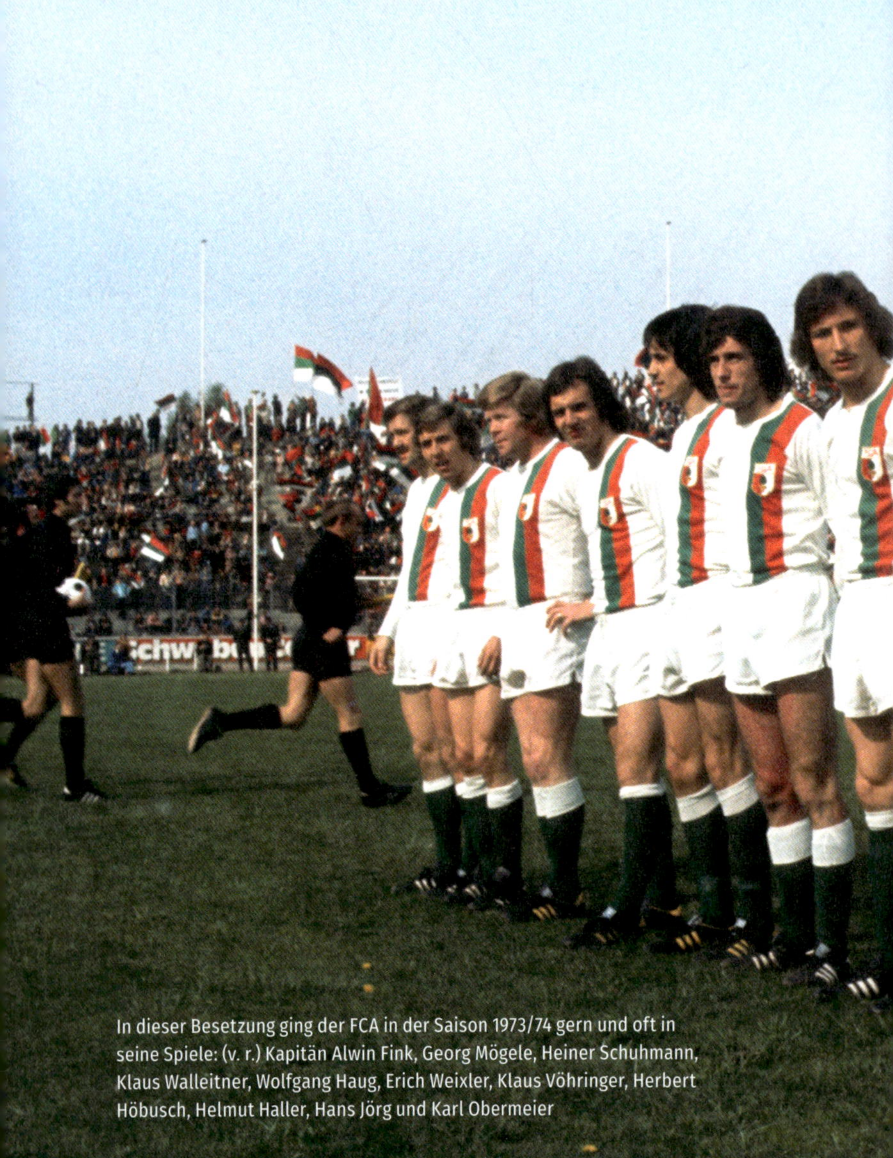

In dieser Besetzung ging der FCA in der Saison 1973/74 gern und oft in seine Spiele: (v. r.) Kapitän Alwin Fink, Georg Mögele, Heiner Schuhmann, Klaus Walleitner, Wolfgang Haug, Erich Weixler, Klaus Vöhringer, Herbert Höbusch, Helmut Haller, Hans Jörg und Karl Obermeier

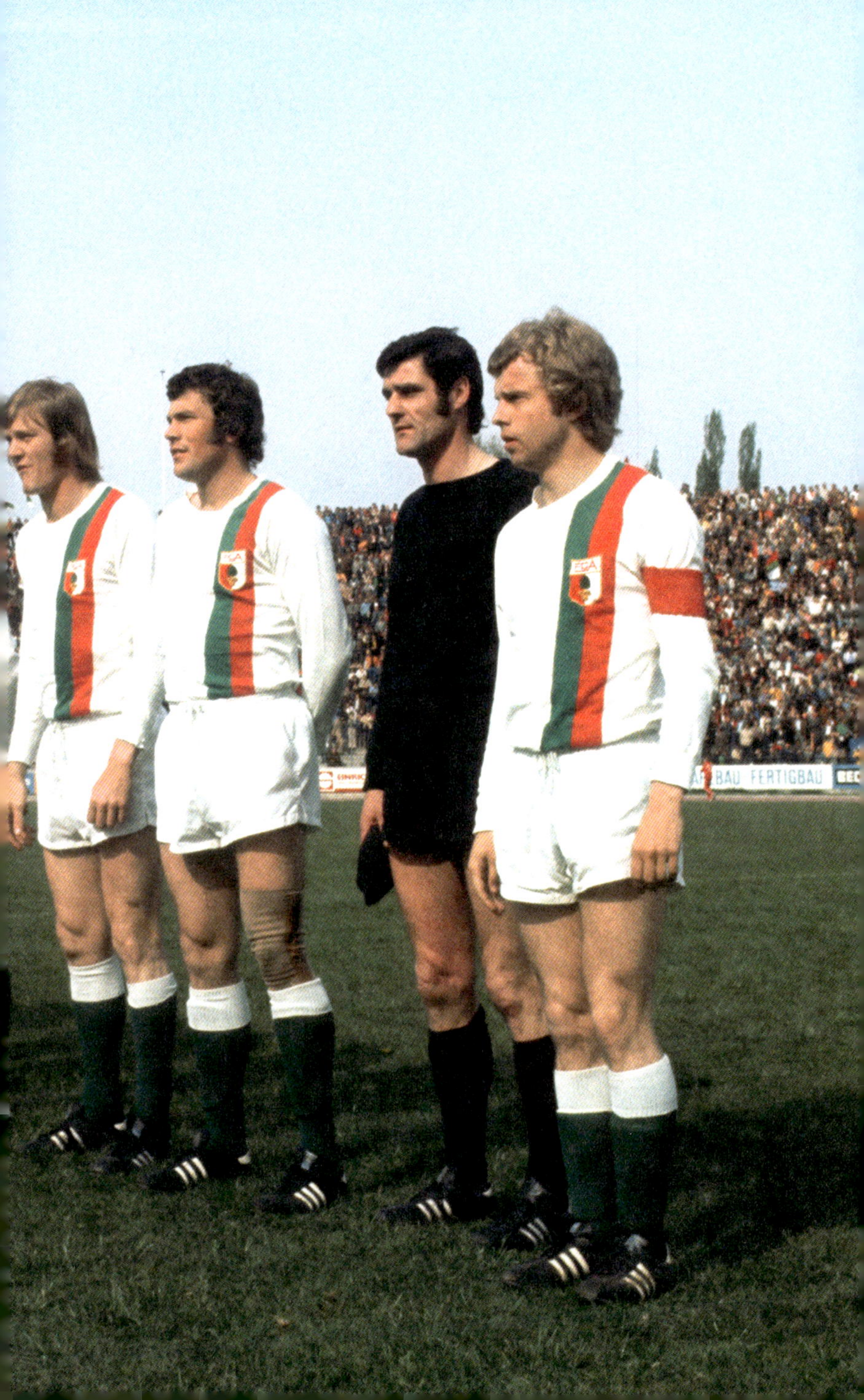
FERTIGBAU

gewesen". Denn es hatte bereits 137 Verletzte gegeben. Ob letztlich 90.000 oder über 100.000 Zuschauer im Olympiastadion waren, wird man wohl nie klären können. Viel gesehen haben sie nicht mehr, die Partie endete 1:1.

Umso mehr gab es in der heimischen Rosenau zu erleben – und die Menschen strömten zu den Heimspielen. In der Hinrunde wurden sämtliche Partien im eigenen Stadion gewonnen, unter anderem auch gegen den 1. FC Nürnberg. Den 2:1-Sieg verfolgten 42.000 Besucher – Rekord bei einem FCA-Heimspiel. Am Ende der Vorrunde führte die Überraschungsmannschaft mit vier Punkten Vorsprung die Tabelle vor der SpVgg Bayreuth an – und die Meisterschaft ließ sich der Aufsteiger auch in der zweiten Saisonhälfte nicht mehr nehmen. Das war natürlich nicht nur Hallers Verdienst, sondern der des gesamten Teams. Darmstadts Trainer Udo Kling fasste das so zusammen: „Nicht Helmut Haller allein bestimmt das Spiel bei den Augsburgern, sondern ein Kollektiv von elf Einzelkönnern." Natürlich war dennoch der dreifache italienische Meister und Vizeweltmeister Dreh- und Angelpunkt des Erfolgs. „Den Helmut hat uns der liebe Gott geschickt, an ihm richten sich die jungen Spieler auf, er muss nur auf dem Platz stehen", gab Meistertrainer Beljin Einblick ins Teamgefüge.

Es war eine Saison der Superlative: 377.000 Zuschauer sahen die Heimspiele, also mehr als 22.000 im Schnitt. In Augsburg wurde das „Hallerluja" gesungen, eine Sportzeitschrift nannte Augsburg „das deutsche Neapel". Nicht viel weniger Besucher waren es bei Auswärtsspielen. Karl Obermeier wurde mit 25 Treffern Torschützenkönig, treffsicher waren auch Erich Weixler (18 Tore) sowie Helmut Haller und Klaus Vöhringer (je zehn). Mit dem Nürnberger Club und den Löwen aus München hatten man zwei langjährige Konkurrenten auf die Plätze 2 und 3 verwiesen. Und als Meister der Regionalliga Süd war man für die Aufstiegsspiele zur Bundesliga qualifiziert. Ziemlich stolz erinnert sich der FCA in der Chronik zum 75-jährigen Vereinsbestehen: „Es ist nicht übertrieben, wenn man behauptet, dass die deutsche Sportpresse 1973/74 vor allem drei Mannschaften ihre Aufmerksamkeit schenkte: zum einen der Nationalmannschaft, die schließlich zum zweiten Mal Weltmeister wurde, zum anderen Bayern München als überragendem deutschen Meister und schließlich dem FCA als Entdeckung des Jahres."

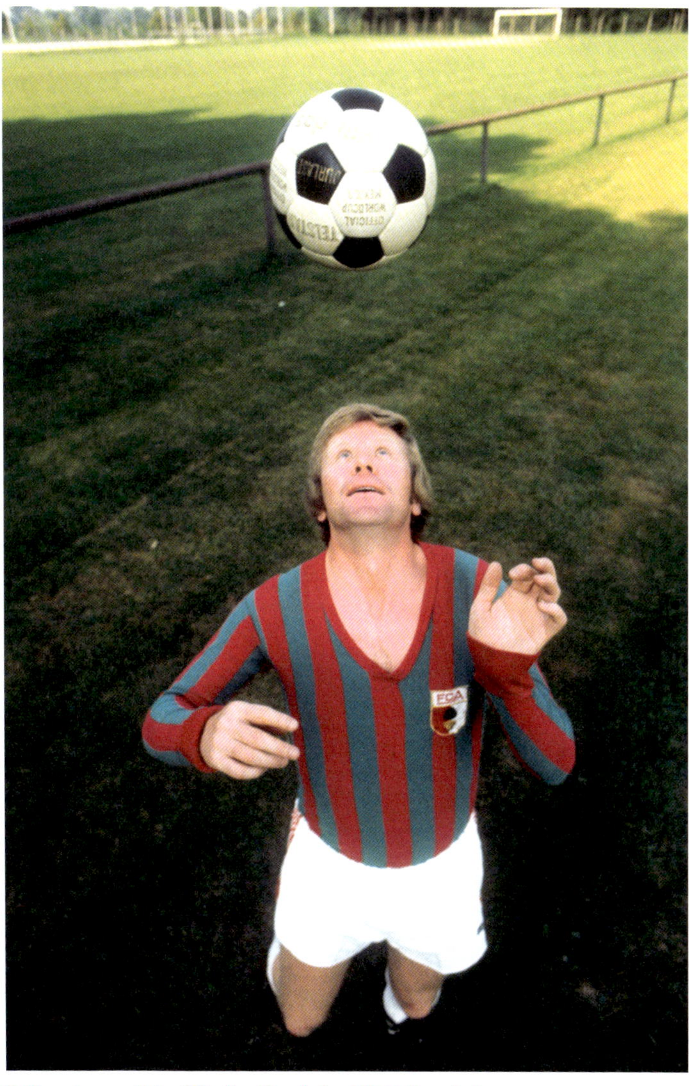

Balljongleur und Identifikationsfigur beim FCA: Helmut Haller

Die verpasste Chance

Einige Spieler, so munkelte man nach dem verpassten Bundesliga-Aufstieg 1974 in Augsburg, wollten ohnehin gar nicht aufsteigen. Sie wollten lieber Stammspieler in der neuen 2. Bundesliga Süd sein als Bankdrücker im Oberhaus.

„Das ist doch ein absoluter Schmarrn", konnte sich Helmut Haller noch später über die Gerüchte ereifern. „Für viele wäre dies eine einmalige Gelegenheit gewesen, ins Rampenlicht zu treten." Auch für Haller selbst, schließlich war er ein Jahr vor der Einführung der Bundesliga nach Italien ausgewandert. Der Star der Meistermannschaft sah für das knappe Scheitern in der Aufstiegsrunde zur Bundesliga andere Gründe: Er selbst war mit einer Bauchmuskelzerrung teilweise außer Gefecht gesetzt, viele Spieler waren am Ende der Saison auch mit ihren Kräften am Ende, was nicht zuletzt auf den recht schmalen Kader zurückzuführen war.

Dabei war der Start in die Aufstiegsrunde gut verlaufen: Beim FC St. Pauli konnte sich der FC Augsburg mit 3:2 durchsetzen, allerdings verletzte sich Stammtorwart Georg Mögele bei den Norddeutschen und fiel für die restlichen Spiele aus. In der Vorrunde gab es außerdem drei Unentschieden: Im Rosenaustadion gingen die Partien gegen Tennis Borussia Berlin und Rot-Weiß Oberhausen je 2:2 aus, bei Borussia Neunkirchen endete die Begegnung 1:1. Mit Unentschieden ging es auch in der Rückrunde weiter, in Berlin endete das Spiel 2:2, zu Hause gegen St. Pauli spektakulär mit 4:4. Dann reiste der FCA-Tross am vorletzten Spieltag nach Oberhausen. Die Kleeblätter hatten im Aufstiegsrennen nichts mehr mitzureden, ein doppelter Punktgewinn hätte den FCA-Aufstieg so gut wie besiegelt. Gegen nicht sonderlich engagierte Oberhausener schaffte es aber der FCA, mit 2:3 zu unterliegen. Trotz des abschließenden Siegs gegen Neunkirchen landeten die Augsburger in der Endabrechnung auf dem zweiten Platz – einen Punkt hinter Tennis Borussia Berlin. Eine große Chance war verpasst.

Der Zampano am Lech

Einen richtig dicken Fisch hatten die FCA-Verantwortlichen da im Herbst 1976 an Land gezogen: Max Merkel. Der gebürtige Wiener hatte bereits mit 1860 München, dem 1. FC Nürnberg und Atlético Madrid Meisterschaften feiern können, nun sollte der ruhmreiche Trainer den FCA endlich in die Bundesliga bringen. Daraus – so viel sei verraten – wurde nichts. Der Meistermacher war dafür vor allem auch ein Meister der markigen Sprüche.

Ein schönes Zeitdokument für die Ära Merkel ist das erste Vereinsmagazin, das erschien, nachdem Merkel wieder den FCA verlassen hatte. In „FCA intern", so der damalige Name, gab eine Homestory Einblick in das Leben des neuen Trainers Werner Olk. Überschrieben war der Artikel mit „Harte Arbeit statt großer Sprüche". Unschwer zu erkennen, auf wen dies gemünzt war. Und in einer etwas abstrusen Geschichte wird an dieser Stelle von einem Trainingsspiel mit sechs Spielerfrauen berichtet („Brustschuss unerwünscht"). Darin werden die Damen auch nach ihrer Meinung zu Max Merkel gefragt. Zitat Jutta Aumeier: „Der hat sich seinen Namen endgültig kaputtgemacht. Ein Egoist, launisch wie das Wetter – oder wie eine Frau in den Wechseljahren." Und Brigitte Beichle ergänzte: „Ein unmenschlicher Typ – und für mich auch eine Enttäuschung als Trainer."

Beim FCA dauerte die Ära Merkel nicht lange: Zwar legte er mit der Mannschaft einen guten Start hin und holte aus zehn Partien 17:3 Punkte. Doch bald war die Luft raus, statt des Bundesliga-Aufstiegs gab es nur den neunten Platz. Und Max Merkel zog weiter.

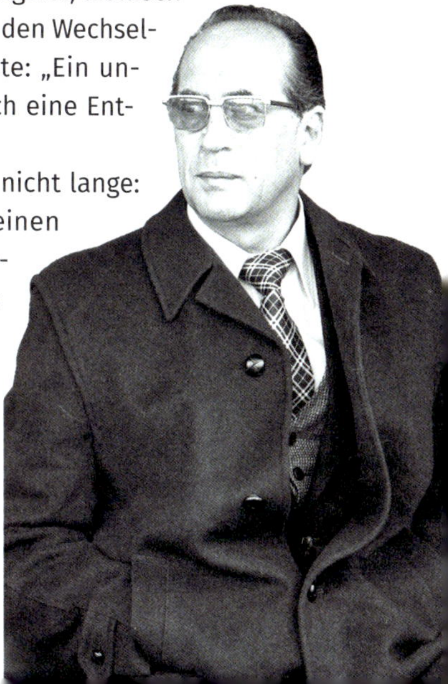

Ein großer Name, aber mit überschaubarem Erfolg: Max Merkel trainierte in der Saison 1976/77 den FC Augsburg.

Pokalgeschichten

›› Das ging ja gut los: Als der FCA-Vorläuferverein BC Augsburg das erste Mal für ein Pflichtspiel beim VfB Stuttgart gastierte, sorgte er gleich einmal für eine faustdicke Überraschung. Die Partie fand 1935 im Rahmen der ersten Hauptrunde des neu eingeführten Tschammer-Pokals statt, dem Vorläufer des DFB-Pokals. Gegen den deutschen Vizemeister konnte sich der BCA mit 4:3 nach Verlängerung durchsetzen.

›› Als Zweitligist traf der FCA im Pokal 1974/75 in der dritten Runde auf den Bundesligisten Werder Bremen. Das Hinspiel in der Hansestadt endete mit einer Überraschung: Gegen den Favoriten erreichte der FCA, der wenige Monate zuvor nur knapp in der Aufstiegsrunde zur Bundesliga gescheitert war, nach Verlängerung ein 2:2. Damals wurde in einer weiteren Partie über das Weiterkommen entschieden, die der FCA vor 10.000 Zuschauern im Rosenaustadion knapp mit 1:2 verlor.

›› Im Pokalwettbewerb 1977/78 war der FC Augsburg der einzige Verein, der sowohl mit den Profis als auch den Amateuren in die 3. Runde einzog. Die Landesliga-Reserve spielte vor 4.500 Zuschauern im Rosenaustadion gegen den Bundesligisten Hertha BSC. Bis zur Pause hielten die Amateure ein torloses Unentschieden, letztendlich gewannen die Berliner aber klar mit 4:0. Auch die Zweitliga-Mannschaft musste gegen einen Bundesligisten antreten und verlor bei den Münchener Löwen mit 0:3.

›› Wiedergutmachung für die Pokalniederlage gegen die Löwen gab es 1986: Da ging es in der ersten Runde nach München. Mit 1860 spielten man bereits seit 1983 gemeinsam in der drittklassigen Bayernliga. Die Gastgeber führten lange Zeit mit 1:0, erst zwei Minuten vor Schluss fiel der Ausgleich. Die Verlängerung gehörte dann ausschließlich dem FCA, der den Giesingern noch vier

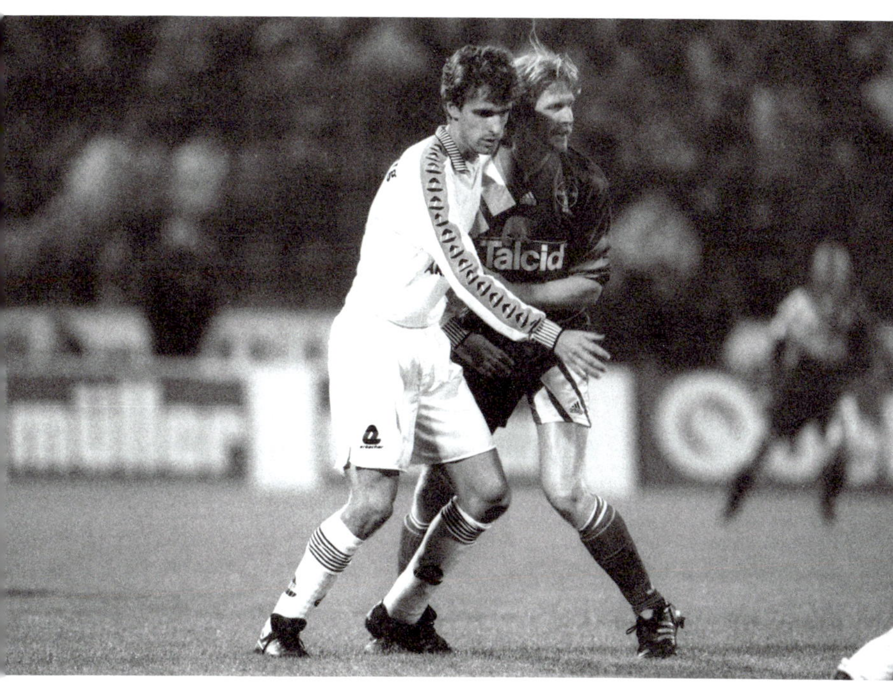

Im Pokal gegen Leverkusen: FCA-Verteidiger Nico Sbordone gegen den gebürtigen Augsburger Bernd Schuster

Tore einschenkte. In der zweiten Runde gastierte dann der HSV vor 20.000 Zuschauern in der Rosenau – aber das ist eine eigene Geschichte.

›› Ein verlorener Sohn kehrte 1993 nach Augsburg zurück: Mit Bayer Leverkusen gastierte Bernd Schuster am 26. Oktober im Rosenaustadion. Das Achtelfinale wollten damals 18.000 Zuschauer sehen – und keiner sollte sein Kommen bereuen. Auch wenn es am Ende nicht zur Sensation gereicht hat. Doch der starke FCA zwang nach 90 torlosen Minuten den Favoriten in die Verlängerung, die ebenfalls torlos blieb. Erst im Elfmeterschießen mussten sich die Schwaben geschlagen geben. Und das, obwohl Schuster, als extrem sicherer Schütze vom Punkt bekannt, seinen Versuch versemmelte.

Rauf und runter

Über das „schönste Geschenk zum FCA-Jubiläum“ freuten sich die Macher des Buches „75 Jahre FC Augsburg“: Pünktlich zum Geburtstag war der Mannschaft 1982 der Aufstieg in die 2. Bundesliga geglückt. Die Meisterschaft in der Bayernliga hatte die Mannschaft von Trainer Hannes Baldauf mit klarem Vorsprung vor dem FC Schweinfurt 05 geholt, in der Aufstiegsrunde mit dem SSV Ulm, dem FSV Frankfurt und dem FC Homburg schien man schon fast gescheitert, schaffte aber dann doch quasi in letzter Sekunde die erträumte Rückkehr in die Zweitklassigkeit. Beim finalen Spiel der Runde traf der FCA vor gerade einmal 600 Zuschauern in Heilbronn auf den FSV Frankfurt, der den Aufstieg schon in der Tasche hatte.

Zehn Minuten vor Spielende traf Klaus Perrey zum 3:0-Endstand. Da Aufstiegskonkurrent SSV Ulm gegen Homburg nicht über ein 1:1 hinauskam, waren die Augsburger punktgleich mit den Spatzen, hatten aber das bessere Torverhältnis – und konnten den Aufstieg in die mittlerweile eingleisige 2. Bundesliga feiern. Zum ersten Mal mischte der FCA in einer bundesweiten Spielklasse mit.

So glücklich der Aufstieg war, so unglücklich war der Abstieg in der folgenden Spielzeit. Der FCA befand sich in der starken Liga ab dem 16. Spieltag auf einem Abstiegsplatz, sechs Spieltage vor Saisonende gab es mit einem 0:7 bei Fortuna Köln das schlimmste Debakel in der 2. Bundesliga. Doch ein kleiner Schlussspurt sorgte dafür, dass man sich am Ende doch noch Hoffnungen auf den Klassenerhalt machen konnte. Vor der finalen Partie lag der FCA punktgleich mit Union Solingen, die allerdings noch das um drei Treffer bessere Torverhältnis hatten. Die Fuggerstädter erledigten ihre Hausaufgaben bravourös und gewannen gegen die ebenfalls abstiegsbedrohten Fürther klar mit 3:0. Union Solingen hatte

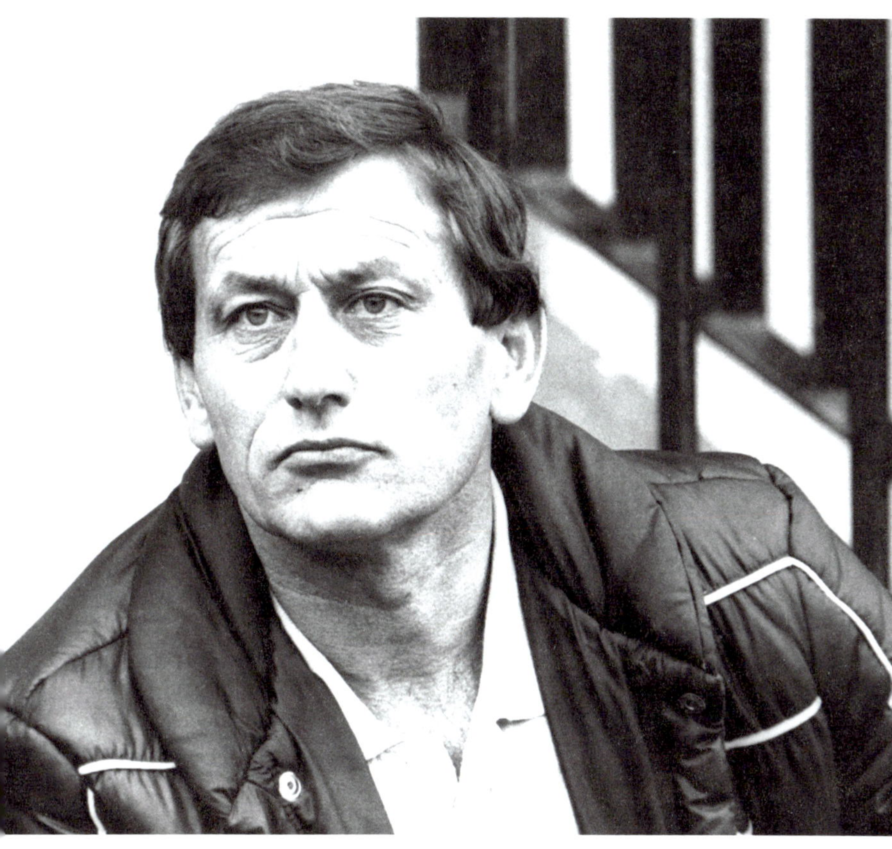

Mit Trainer Hannes Baldauf ging es 1982 in die 2. Bundesliga.

es am letzten Spieltag mit Tabellenführer Waldhof Mannheim zu tun – und gewann völlig überraschend mit 2:0.

An Auf- und Abstiege waren Fans und Funktionäre damals gewöhnt, seit 1979 hatte man nach jeder Saison munter die Klasse gewechselt. Allzu groß war die Aufregung über den so kappen Gang in die Bayernliga also nicht. Was man damals allerdings auch nicht ahnen konnte: Es sollte 23 Jahre dauern bis zur abermaligen Rückkehr in die 2. Bundesliga.

FC Augsburg. Eine Zeitreise

1907 Gründung am 8. August unter dem Namen Fußball-Klub Alemania.

1909 Die Fußballer schließen sich als Spielabteilung dem Turnverein Oberhausen an. Am 12. Oktober wird der BCA-Platz westlich der heutigen Donauwörther Straße eingeweiht.

1920 Nach der Fusion mit dem TV Wertach-Vorstädte benennt sich der TV Oberhausen in Turn- und Sportverein TV 1871 Augsburg um, die Spielabteilung firmiert fortan als Ballspiel-Club im Turn- und Sportverein. Die Fußballer steigen erstmals in die höchste Spielklasse, die Bezirksliga Südbayern, auf.

1921 Die Fußballer trennen sich am 30. August vom Stammverein und spielen fortan bis 1969 unter dem Namen Ballspiel-Club Augsburg, kurz BCA.

1934 In einer Aufstiegsrunde setzt sich der BCA gegen den Polizeisportverein München, SV Weiden, Bayern Hof, 1860 Fürth und Viktoria Aschaffenburg durch und schafft den Aufstieg in die erstklassige Gauliga Bayern. Durchschnittlich verfolgen 5.500 Zuschauer die Punktspiele im BCA-Stadion – es ist das bestbesuchte Stadion in Bayern.

1937 Der BC Augsburg feiert sein 30-jähriges Bestehen.

1940 Drei Monate lang führt der BCA die Tabelle an. Am Ende zieht aber doch noch der 1. FC Nürnberg vorbei und sichert sich mit einem Punkt Vorsprung die Meisterschaft in der Gauliga

Bayern. Um ein Haar verpassen die Augsburger die erstmalige Teilnahme an den Spielen um die Deutsche Meisterschaft.

Wenige Monate nach Kriegsende starten BCA 1945
und Schwaben in der neuen Oberliga Süd, in der 16 Mannschaften aus den amerikanisch besetzten Gebieten gegeneinander antreten. Bis zur Einführung der Bundesliga spielt der BCA in 14 von 18 Spielzeiten erstklassig.

Zuschauerrekord im alten BCA-Stadion in Oberhausen: 1949
26.000 Zuschauer verfolgen das Oberliga-Spiel gegen Ulm.

Am 9. März bestreitet der BCA erstmals ein Pflichtspiel im 1952
1951 eröffneten Rosenaustadion. Zur Premiere gibt es ein 6:1 gegen den VfR Aalen in der II. Liga Süd. Bis 2009 ist das Rosenaustadion die Heimat des BCA und FCA.

BCA-Spieler Uli Biesinger feiert in der Schweiz mit der 1954
deutschen Nationalmannschaft den bisher größten Erfolg: den Gewinn der Weltmeisterschaft. Zu einem Einsatz kommt der junge Biesinger allerdings nicht.

Helmut Haller, der bekannteste Augsburger Fußballer, 1962
wechselt als einer der ersten deutschen Kicker nach Italien und spielt fortan für den FC Bologna.

Im Sommer fusionieren der Gesamtverein BCA, der knapp 1969
den Aufstieg in die zweitklassige Regionalliga verpasst hat, und die Lizenzspieler-Abteilung der Schwaben, die in die drittklassige Bayernliga abgestiegen sind, zum FC Augsburg.

1973 Der FCA feiert die Meisterschaft in der Bayernliga und steigt in die Regionalliga auf.

1974 Mit Rückkehrer Helmut Haller erlebt der FCA eine kaum für möglich gehaltene Fußball-Euphorie. 42.000 Zuschauer sehen das Heimspiel gegen den Nürnberger Club – Zuschauerrekord bei einer FCA-Partie auf eigenem Rasen. Am Ende feiert der Aufsteiger die Meisterschaft, scheitert aber knapp in der Aufstiegsrunde zur Bundesliga.

1974 Der FCA ist Gründungsmitglied der 2. Bundesliga Süd. Bis 1983 spielen die Rot-Grün-Weißen sieben von neun Spielzeiten zweitklassig.

1982 Der FCA feiert seinen 75. Geburtstag und die Mannschaft macht dem Verein ein großes Geschenk: Nach dem Titel in der Bayernliga belegt der FCA den zweiten Platz in der Aufstiegsrunde und steigt in die 2. Bundesliga auf. Erstmals spielt der Verein in einer deutschlandweiten Liga.

1983 Die Zweitklassigkeit währt nur für eine Saison. Am Ende steht ein knapper Abstieg in die Bayernliga. Die Rückkehr in den Profifußball sollte fast ein Vierteljahrhundert auf sich warten lassen.

1994 Unter dem jungen Trainer Armin Veh feiert die Mannschaft die Meisterschaft in der Bayernliga, scheitert aber in der Aufstiegsrunde zur 2. Bundesliga. Gegner dort sind Fortuna Düsseldorf, Eintracht Braunschweig und TuS Paderborn-Neuhaus.

2000 Der FCA qualifiziert sich sportlich für die neue zweigleisige Regionalliga, allerdings verweigert der DFB aus wirtschaftlichen Gründen die Lizenz. Erstmals spielt der FCA

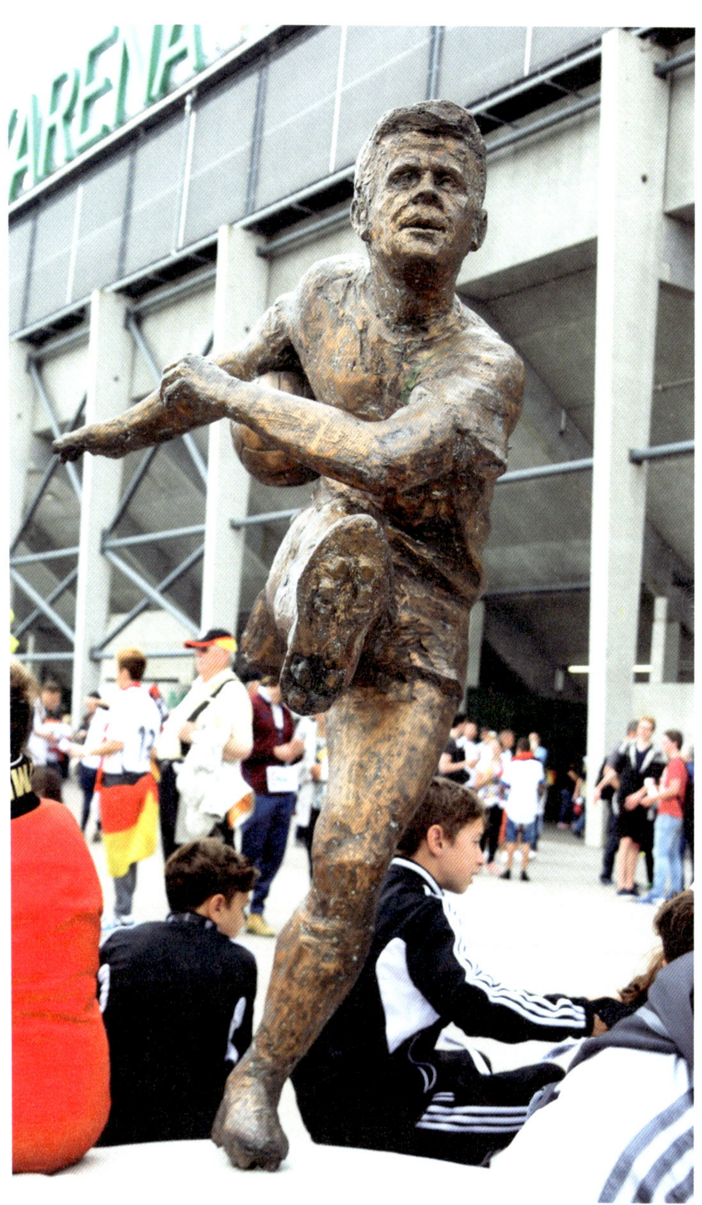

Als Statue hat Vereinsidol Helmut Haller 2015 seinen Platz in der Arena gefunden.

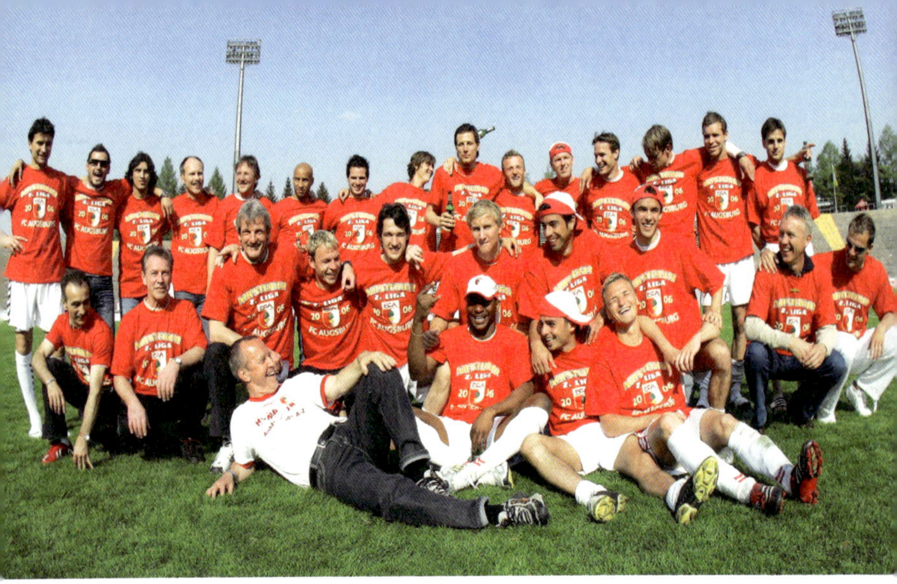

Mission Aufstieg erfüllt: die Meistermannschaft 2006 mit Präsident Walther Seinsch (v. l.) und Trainer Rainer Hörgl (mittlere Reihe, 2. v. r.)

viertklassig. Im Herbst wird Walther Seinsch Vorstandsvorsitzender.

2002 Unter Trainer Gino Lettieri wird der FCA souverän Bayernliga-Meister und steigt in die Regionalliga Süd auf.

2006 Der nächste Aufstieg: 2006 führt Rainer Hörgl die Mannschaft zur Meisterschaft in der Regionalliga und damit zum Aufstieg in die 2. Bundesliga.

2009 Abschied von der Rosenau: Das letzte Pflichtspiel im altehrwürdigen Stadion endet 1:1 gegen Wehen-Wiesbaden. Fortan spielt der FCA in der neuen Arena im Süden Augsburgs.

2010 Im DFB-Pokal erreicht der FCA das Halbfinale, das in Bremen 0:2 verloren geht. In der Liga spielen die Augsburger um den Aufstieg in die Bundesliga mit, werden am Ende Dritter und unterliegen in der Relegation

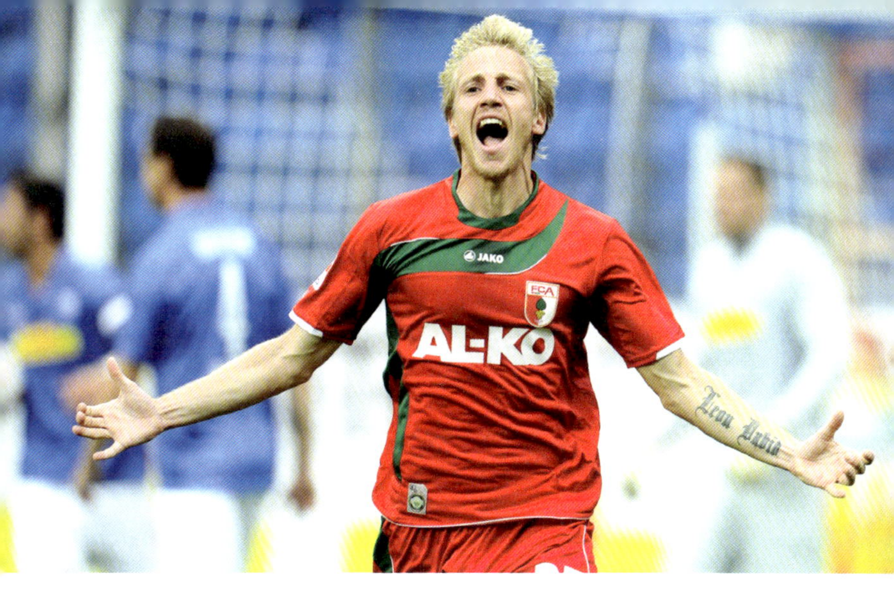

Als erster FCA-Spieler wird Michael Thurk 2010 Torschützenkönig in der 2. Liga.

dem Bundesligisten 1. FC Nürnberg. Mit Michael Thurk (23 Treffer) wird erstmals ein Augsburger Torschützenkönig der 2. Liga.

Mit einem 2:1-Sieg gegen den FSV Frankfurt macht der FCA 2011 am vorletzten Spieltag alles klar und steigt erstmals in die Bundesliga auf.

Am finalen Spieltag gewinnt der FCA in Mönchengladbach 2015 mit 3:1, landet damit auf dem fünften Tabellenplatz und sichert sich die Teilnahme an der Europa League. Dort hält sich der FCA wacker und zieht als Gruppenzweiter in die Zwischenrunde ein.

Die Zwischenrunde beschert dem FC Augsburg das Los 2016 FC Liverpool. Also: ein Spiel ein der legendären Anfield Road! Im Heimspiel am 18. Februar erkämpft sich der FCA ein torloses Unentschieden, das Rückspiel in England eine Woche später geht knapp mit 0:1 verloren.

Die Trainerschmiede

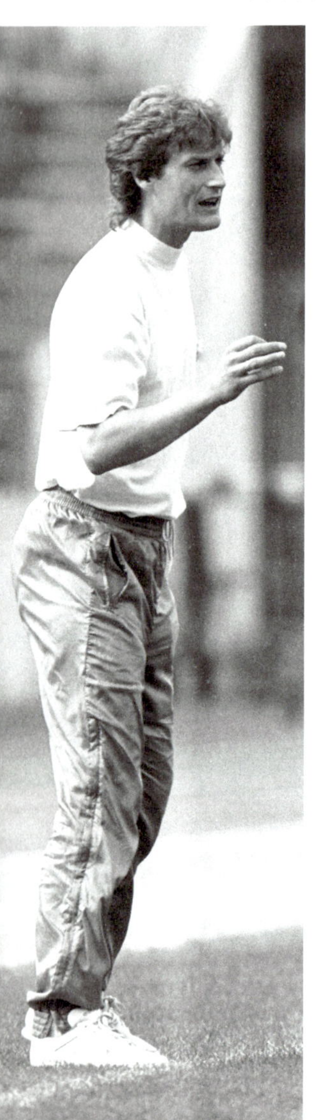

Der FC Augsburg hat etliche ausgesprochen begabte Fußballer hervorgebracht, die zahlreiche nationale und internationale Titel feiern konnten – nur leider nicht mit dem FC Augsburg. Einige Talente, die in der Jugend des FCA ihre fußballerische Sozialisation erlebt haben, konnten und können auch als Trainer herausragende Erfolge feiern. Und das mitunter bei ganz Großen der Branche, wie diese vier Ausreißer beweisen.

ARMIN VEH

Seine besten Profizeiten erlebte Armin Veh, 1961 in Augsburg geboren, bei Borussia Mönchengladbach. Dort stand er von 1979 bis 1985 unter Vertrag. 1987 begann dann Vehs Werdegang als Trainer und Funktionär – und das ziemlich weit unten. Der lokale Spielhallenmogul Peter Eiba konnte ihn als Manager für ein ziemlich hochtrabendes Projekt engagieren. Mit dem BC Harlekin sollte es aus der 8. Liga bis in die Bundesliga gehen. Das gelang nicht ganz, obwohl es an kreativen Ideen nicht mangelte. So führte eine der ersten Dienstreisen des Jungmanagers nach New York. Dort sollte er einen recht bekannten Fußballer treffen, ihm eine Kuckucksuhr überreichen und ihn überreden, bei den Augsburger Stadtmeisterschaften in der Halle im Dress des BC Harlekin

Armin Veh in der Bayernliga-Saison 1990/91 ganz am Anfang seiner Trainerkarriere aufzulaufen. Was im Jahr zuvor bei Bernd Förster, immerhin Vize-Weltmeister 1982, gelang, klappte bei Pelé nicht. Später schloss sich der BC Harlekin den Schwaben und dann dem FCA an. 1990 verließ Eiba das Fußballschiff, Veh blieb beim FCA und wechselte ins Trainerfach – nicht ganz ohne Erfolg. 1994 feierte er mit den Rot-Grün-Weißen die Meisterschaft in der Bayernliga, verpasste aber den Aufstieg in Liga 2. Das holte er 1997 mit Greuther Fürth und 2000 mit dem SSV Reutlingen nach. 2002 wechselte er in die Bundesliga nach Rostock, zweimal sicherte er mit Hansa den Klassenerhalt. Dann kehrte er 2004 für viele überraschend zum FCA und damit in die Drittklassigkeit zurück. Doch seinen größten Erfolg feierte er nicht bei den bayerischen Schwaben, sondern bei den württembergischen: Im Februar 2006 trat Veh die Nachfolge von Giovanni Trapattoni beim VfB Stuttgart an, feierte in der folgenden Saison die Deutsche Meisterschaft und erreichte außerdem das Finale des DFB-Pokals. Ähnliches gelang Veh bei seiner späteren Stationen in Wolfsburg, beim HSV, in Frankfurt, wiederum beim VfB, wieder bei der Eintracht und zuletzt als Geschäftsführer Sport beim 1. FC Köln nicht mehr.

BERND SCHUSTER

Er war schon als Spieler ein Weltstar und Weltklasse – aber das steht auf einem anderen Blatt in diesem Buch. Als Trainer musste er

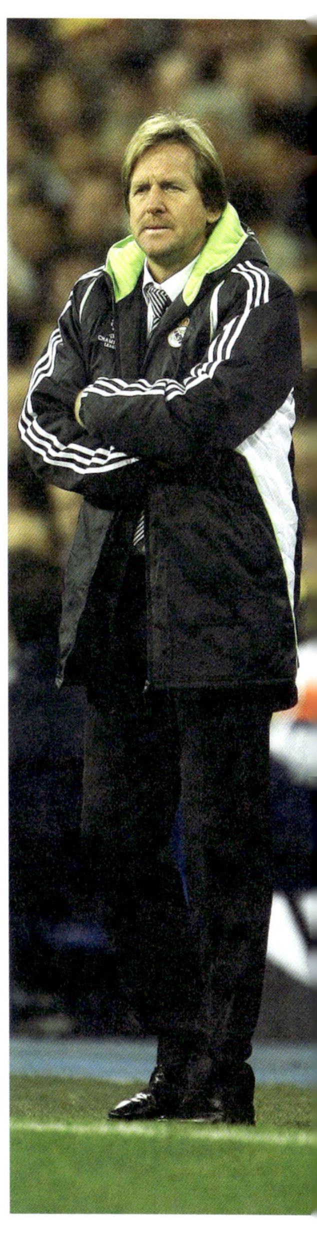

Der gebürtige Augsburger Bernd Schuster spielte von 1976 bis 1978 in der Jugend des FCA.

erst einmal kleinere Brötchen backen. Schuster, 1959 in Augsburg geboren, startete 1997 seine Karriere neben dem Platz bei Fortuna Köln in der 2. Bundesliga, dann versuchte er vergebens, den 1. FC Köln, wo er seine Profikarriere begonnen hatte, zurück ins Oberhaus zu hieven. So richtig bei den Großen mitspielen durfte er im Sommer 2007, als Real Madrid ihn als Trainer verpflichtete. In seinem ersten Jahr bei den Madrilenen holte er die Meisterschaft und kurz darauf auch den spanischen Pokal. Nicht ganz so gut lief es in der folgenden Spielzeit: Im Dezember 2008 wurde Schuster bei Real entlassen. An solche Erfolge konnte er bei seinen folgenden Stationen in der Türkei (Beşiktaş Istanbul), wiederum Spanien (FC Malaga) und China (Dalian Yifang) nicht mehr anknüpfen.

THOMAS TUCHEL

Es ist immer noch schwierig zu glauben, dass einer, der 2008 noch die 2. Mannschaft des FCA trainiert hat, seitdem doch ein paar Pokale in seinen Trophäenschrank stellen konnte. Als da sind: ein DFB-Pokal, zwei französische Meisterschaften, je ein französischer Pokal sowie Ligapokal und schließlich noch der Gewinn der Champions League. Und FIFA-Welttrainer des Jahres 2021 darf er sich auch nennen. Dabei ist die Spieler-Karriere von Thomas Tuchel, 1973 in Krumbach geboren, recht übersichtlich. Vier Jahre kickte er in der FCA-Jugend und feierte dort frühe Erfolge: Zweimal – 1991 und 1992 – holte er mit seinen Teamkameraden den DFB-Pokal in die Fuggerstadt. Als Erwachsener kam er auf lediglich acht Zweitliga-Einsätze bei den Stuttgarter Kickers und 69 Regionalliga-Partien für Ulm. Schon mit knapp 27 Jahren wechselte er auf die Trainerbank, zuerst war er im Jugendbereich des VfB Stuttgart aktiv. 2006 kehrte er zum FCA zurück, übernahm die A-Jugend des damaligen Zweitligisten, trainierte dann die 2. Mannschaft und war Leiter des Nachwuchszentrums. 2008 folgte der Wechsel nach Mainz, wo er ein Jahr später mit den A-Junioren die Deutsche Meisterschaft feierte. Am 3. August 2009 schließlich tat Tuchel den großen Schritt in die Bundesliga, als ihn der FSV Mainz als neuen

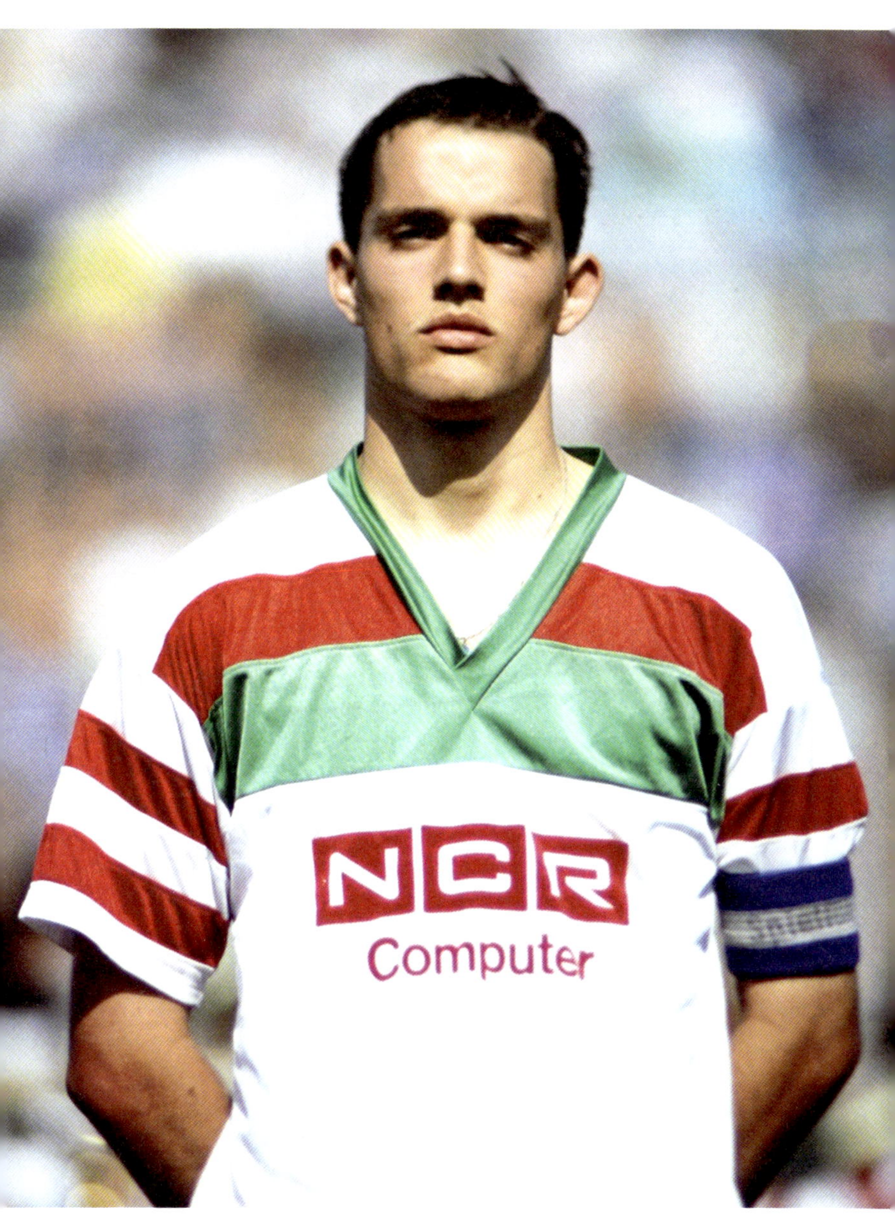

Von Augsburg in die Champions League: Thomas Tuchel in der A-Jugend des FCA

Cheftrainer vorstellte. Der Rest ist ein Stück jüngerer Fußballgeschichte: Mit den nicht gerade überambitionierten Mainzern stellte er 2010 den Bundesliga-Startrekord von sieben Siegen in Folge ein. 2015 verpflichtete ihn der Spitzenklub Borussia Dortmund, drei Jahre später zog es Tuchel erstmals ins Ausland. Er übernahm die Mannschaft des französischen Meisters Paris St. Germain, feierte dort große Erfolge – unter anderem zog er ins Champions-League-Finale 2020 ein, das gegen die Bayern verloren ging – und trainierte von Januar 2021 bis September 2022 den FC Chelsea. Vorläufiger Höhepunkt seiner Karriere war der Gewinn der Champions League 2021. Das Finale gegen Manchester City entschied Chelsea mit 1:0 für sich.

JULIAN NAGELSMANN

Unter Thomas Tuchel trainierte Julian Nagelsmann bei der 2. Mannschaft des FCA, in Augsburg hatte er auch in der Jugend gespielt. Aufgrund einer schweren Verletzung beendete der 1987 in Landsberg am Lech geborene Nagelsmann bereits als 20-Jähriger seine aktive Karriere. Tuchel ließ Nagelsmann, der ja noch unter Vertrag stand, als Co-Trainer die Gegner beobachteten. Es folgten Stationen in den Jugendabteilungen von 1860 München und der TSG Hoffenheim. Bei den Hoffenheimern rückte Nagelsmann als 25-Jähriger in den Trainerstab des Bundesliga-Teams auf, übernahm dann 2013 die A-Junioren, mit denen er den deutschen Meistertitel holte – mit 26 Jahren durfte er sich jüngster A-Junioren-Meistertrainer nennen. Von Februar 2016 an coachte er die abstiegsbedrohte erste Mannschaft der TSG, schaffte den Klassenerhalt und führte sie in der folgenden Saison in obere Tabellengefilde, zweimal in Folge gelang die Qualifikation zur Champions League. Der junge Trainer machte also bald auch die Granden der Branche auf sich aufmerksam: Ab 2018 trainierte Nagelsmann die neureichen Leipziger, 2021 folgte der Wechsel zum Primus Bayern München und damit quasi fest gebucht: der erste Meistertitel.

Erste Trainerschritte in Augsburg: Julian Nagelsmann

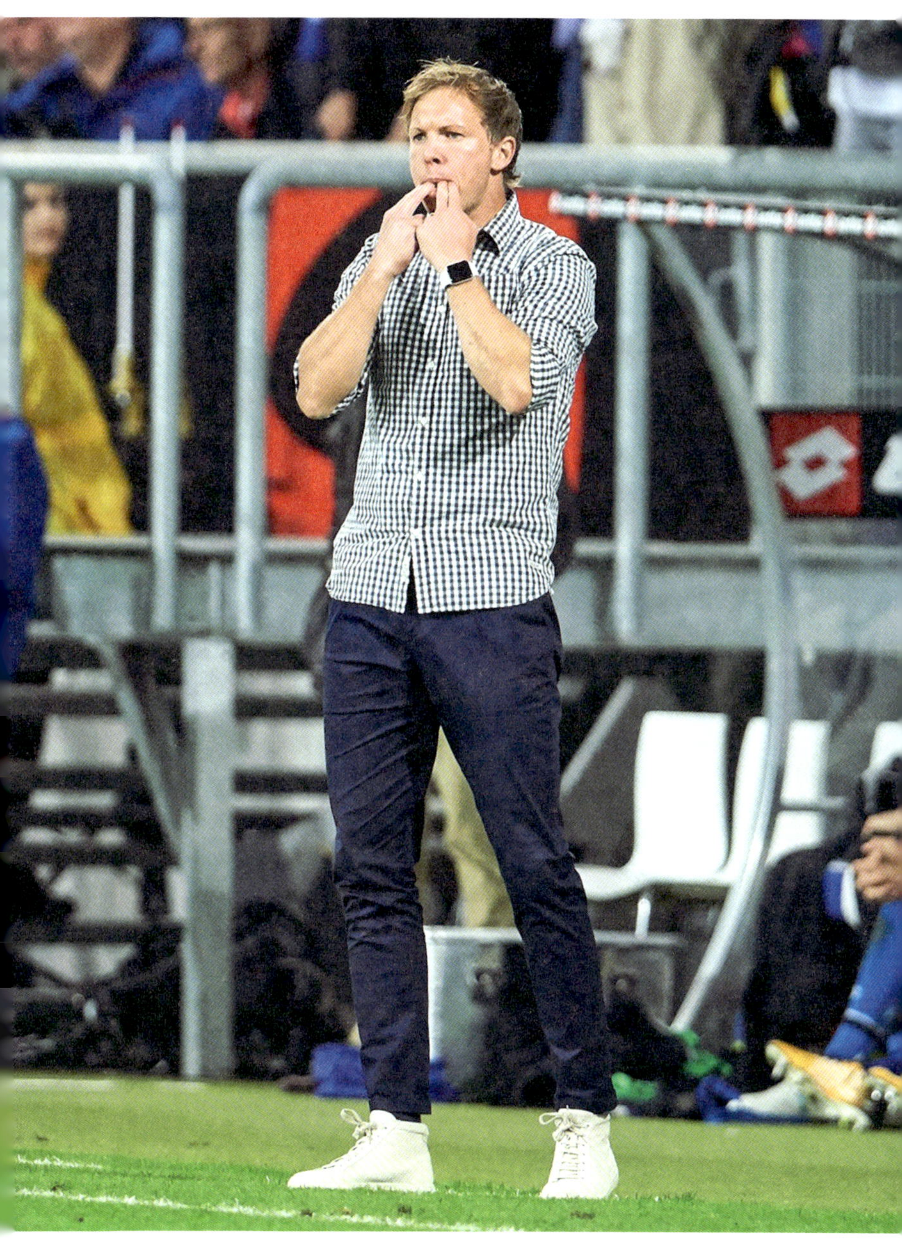

Uli Steins Mittelfinger

Nach dem Zweitliga-Abstieg 1983 gab es nur wenige Aufreger rund um den FCA. Einen aber bot die DFB-Pokalrunde 1986. Schon in der ersten Runde durften sich die Fans über einen Klassiker freuen: Der FC Augsburg musste bei den Löwen ran, damals Konkurrent in der Bayernliga. Vor 6.000 Zuschauern im Grünwalder Stadion führten die Gastgeber lange mit 1:0, ehe dem FCA kurz vor Schluss durch Herbert Wiest der Ausgleich gelang. In der Verlängerung spielten dann die Rot-Grün-Weißen groß auf und gewannen letztendlich mit 5:1.

Der Lohn für den Sieg war ein großer Gegner in der zweiten Runde. Der FCA empfing den Bundesligisten Hamburger SV. 20.000 Besucher wollten am 24. Oktober 1986 im Rosenaustadion die Mannschaft von Ernst Happel sehen. „Nur kein frühes Tor kassieren, das wäre das Schlimmste, was uns passieren kann", mahnte FCA-Trainer Heiner Schuhmann seine Mannschaft. Ohne Erfolg: Bereits nach sechs Minuten gingen die Norddeutschen in Führung. Immerhin gelang es dem tapferen Drittligisten, einen weiteren Gegentreffer zu verhindern.

Aufregung dann in der 69. Minute: Schiedsrichter Badmer entschied nach einem Foul von Dietmar Jacobs an Roland Bahl auf Elfmeter, was den HSV-Torhüter Uli Stein doch etwas in Rage brachte. Er beleidigte den Unparteiischen – er benutzte wohl das W-Wort – und sah dafür die Rote Karte. Bei seinem Gang in die Kabine legte sich Stein dann auch noch mit dem Publikum an und reckte seine erhobenen Mittelfinger in Richtung Haupttribüne.

Zurück auf den Platz: Hamburgs Trainer Ernst Happel hatte bereits sein Wechselkontingent ausgeschöpft, also musste mit Heinz Gründel ein Feldspieler in den Kasten. Den fälligen Elfmeter verwandelte Michael Wrobel. „Wir bekamen danach von unserem Trainer Heiner Schuhmann einen klaren Auftrag. Der lautete: Schießen, schießen, schießen", erinnerte sich später Herbert Wiest. Doch trotz der deutlichen Anweisung und der frenetischen

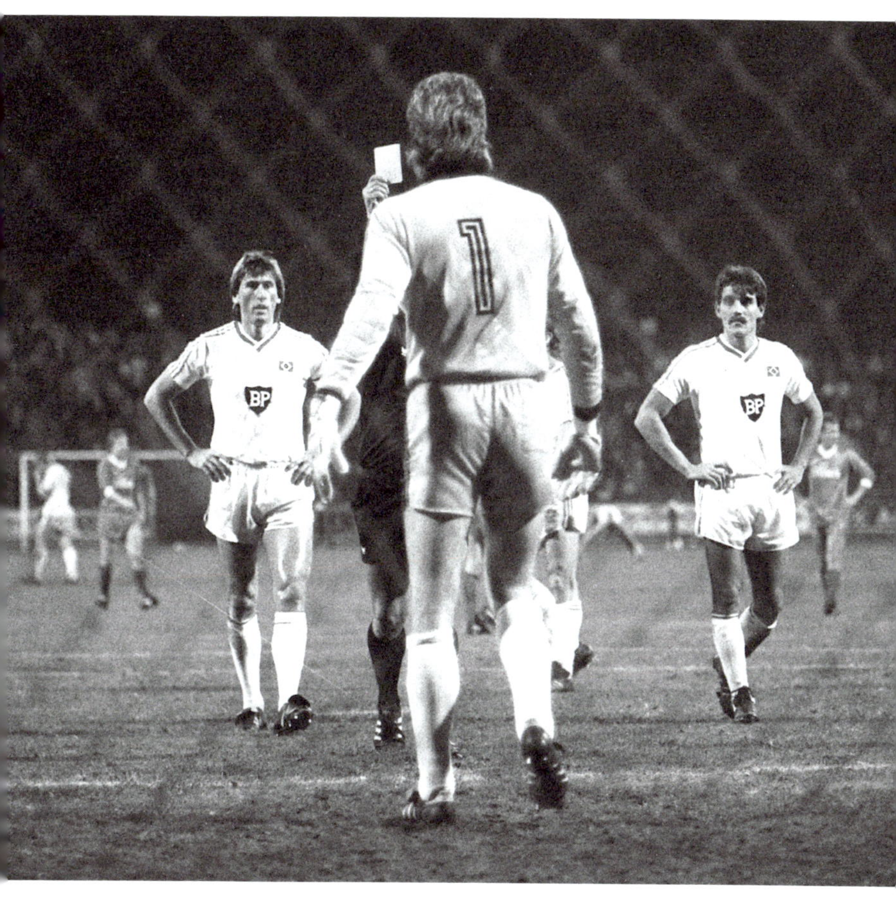

Uli Stein sah die Rote Karte, aber letztlich verpasste der FCA die Pokalsensation.

Anfeuerung durch die Fans gelang kein einziger Schuss aufs Tor. Stattdessen erzielte Sascha Jusufi fünf Minuten vor dem Abpfiff den Siegtreffer für den HSV. Die Sensation blieb aus.

Später feierten beide Mannschaften bis in die Morgenstunden in der Diskothek Karat. Wiest: „Auch Uli Stein war gut drauf. Zumindest hat er einiges an Champagner und Sekt weggetrunken. Torhüter sind halt doch eine eigene Spezies."

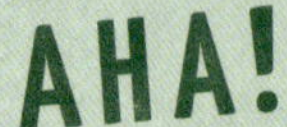

Sechs Siege führen zur Entlassung

Da musste schon einiges passiert sein, wenn sich der renommierte Spiegel mit einem Bayernligisten beschäftigt. „Wieder was zu lachen – Aufregung in Augsburg: Der Exzentriker Jimmy Hartwig steigt ins Trainergeschäft ein“ war der Artikel überschrieben. In der Tat eine interessante Personalie, schließlich hatte der zweimalige Nationalspieler zuvor als Schlagersänger („Ich komme immer zu früh“) und Repräsentant für Kondome auf sich aufmerksam gemacht.

1989, als Hartwig als Nachfolger der Vereinsikone Helmut Haller auf dem Trainerstuhl Platz nahm, hatte beim FCA der Spielhallen-

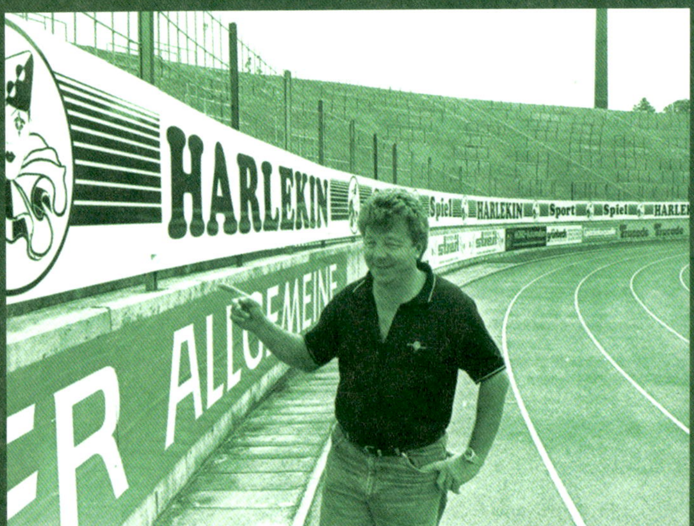

Mäzen Peter Eiba holte 1989 Jimmy Hartwig nach Augsburg – und entließ ihn bald wieder.

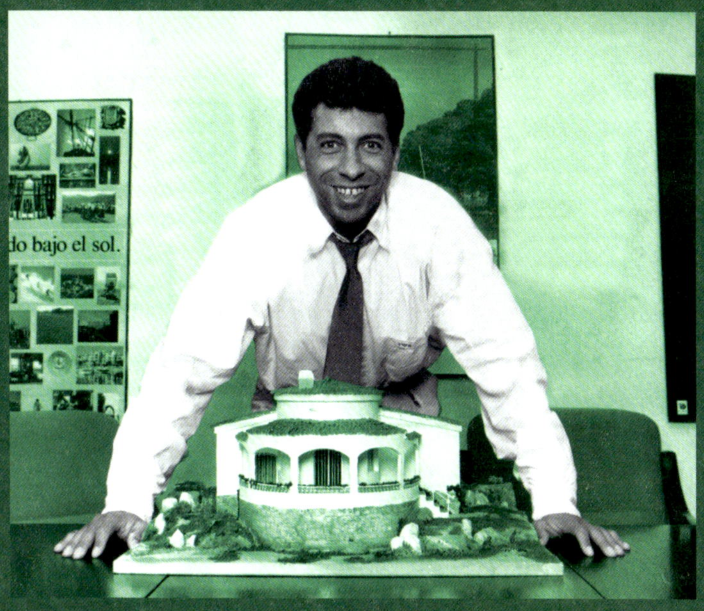

Nach seinem Engagement in Augsburg auch als Anlagenvermittler tätig: Jimmy Hartwig

besitzer Peter Eiba das Sagen, der den Klub mit aller Macht und dem nötigen Kleingeld in den Profifußball führen wollte. Überraschenderweise ging das Experiment mit dem Trainernovizen voll auf: Von sieben Partien wurden sechs gewonnen, ein Spiel endete unentschieden. Noch überraschender war, dass Eiba trotz dieser beeindruckenden Erfolgsserie seinen Trainer vor die Tür setzte – er hatte vernommen, dass Hartwig mit den Münchener Löwen über eine Zusammenarbeit verhandelt hatte.

Für Hartwig war das Trainerleben bald schon wieder vorbei, 1990 heuerte er als erster Westtrainer bei Chemie Böhlen in der DDR an. Danach verschlug es ihn in die Schauspielerei.

Europapokal!

Nein, hier ist nicht von der wundersamen Reise des FCA in der Europa League die Rede, sondern von Sportarten, die beim BCA und FCA neben dem Spiel mit dem runden Leder sonst so getrieben wurden. Und ein – zugegeben recht kurzes – Kapitel führt uns an dieser Stelle nach Europa. Das kam so: Mitte der 1980er Jahre wurde bei der TG Viktoria Augsburg ausgesprochen erfolgreich gebaggert und gepritscht. 1985 feierten die Volleyballerinnen die Meisterschaft, den Pokal und den Europacup-Sieg. Doch dann kam es zu Differenzen zwischen Verein und Peter Götz, Manager und Trainer in Personalunion. Die Volleyballerinnen wechselten zum FC Augsburg und betraten in den FCA-Farben in der folgenden Saison die europäische Bühne, die sie allerdings nach Niederlagen gegen Dynamo Berlin auch schon wieder verließen. Wie auch den FCA nach Ende nur einer Saison.

Etwas länger wurde beim Oberhausener Verein Handball gespielt. Die Geschichte der Handballabteilung begann 1926 und brachte zwei große Namen hervor: Der eine war Karl Jung. Der 1926 geborene Sportler hatte im Krieg einen Arm verloren, machte dann aber als Schiedsrichter Karriere. Er leitete unter anderem 24 Länderspiele auf dem Großfeld und in der Halle, war bei vier Weltmeisterschaften im Einsatz und pfiff als Unparteiischer zwei Endspiele um die Deutsche Meisterschaft. Der andere ist Erhard Wunderlich, nach dem die Augsburger Sporthalle benannt ist. Nach einem Freundschaftsspiel gegen den VfL Gummersbach, in dem er groß aufspielte, verpflichtete ihn der Bundesligist. Mit Gummersbach gewann Wunderlich sämtliche nationale und internationale Titel, wurde mit der deutschen Mannschaft Weltmeister, spielte eine Saison für den FC Barcelona – und wurde 1999 zum deutschen „Handballspieler des Jahrhunderts“ gewählt.

Auch Leichtathletik, Faustball und Tischtennis wurde einige Jahre lang beim BCA betrieben. Noch immer aktiv, wenn auch seit vielen Jahren quasi als Verein im Verein, sind die Ski- und Bergfreunde.

Endlich wieder Meister

Seit 1983 hat es sich der FCA in der Bayernliga gemütlich gemacht, nur einmal – in der Saison 1984/85 – spielte der Klub ernsthaft um die Meisterschaft mit. Das änderte sich erst in der Spielzeit 1993/94. Das sportliche Sagen hatte damals beim FCA der junge Trainer Armin Veh, der seit 1990 an der Seitenlinie stand. Mit Eigengewächsen, begabten Kickern aus der Region und gezielten Verstärkungen formte Veh eine Mannschaft, die 1993/94 die Bayernliga dominierte. Vor allem in der Rückrunde spielte das Team groß auf, holte in Serie 29:3 Punkte und sicherte sich die Meisterschaft mit sechs Punkten Vorsprung.

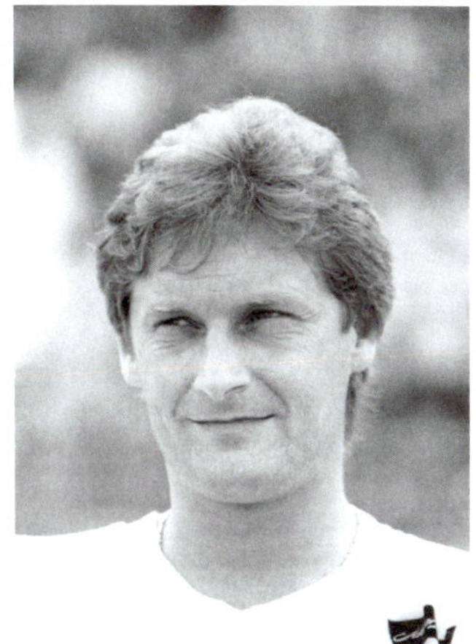

Als junger Trainer führte Armin Veh den FCA 1994 zur Meisterschaft in der Bayernliga.

Erreicht hatte man damit allerdings noch nicht allzu viel, immerhin das Startrecht in der viergleisigen Regionalliga, die zur folgenden Saison die Bayernliga als dritthöchste Spielklasse ablösen sollte. Um sich den erhofften Aufstieg in die 2. Bundesliga zu sichern, musste sich der FCA aber erst in einer prominent besetzten Aufstiegsrunde durchsetzen. Da gab es im Rosenaustadion gleich einmal einen Überraschungssieg gegen Eintracht Braunschweig, gefolgt von einer Niederlage in Paderborn. Nachdem sich der FCA einen Punkt in Düsseldorf schnappen konnte, keimte noch einmal Hoffnung auf, doch das Rückspiel gegen die Rheinländer endete trotz einer starken Leistung mit 0:2. Am Ende sicherte sich die Fortuna den Aufstieg, für den FCA ging es in der Drittklassigkeit weiter, die damals Regionalliga hieß.

Fünf Titel in Folge

Die Jugendarbeit wurde beim Augsburger Verein schon immer großgeschrieben. Bereits Anfang der 1920er Jahre wurde eine Jugendmannschaft gegründet, 1924 kam dann eine Schülermannschaft hinzu. Und dann gab es natürlich die internationalen Pfingstturniere, die der legendäre Jugendleiter Paul Renz ins Leben gerufen hatte. Renz, der keine Fremdsprache beherrschte, lud von 1953 bis 1991 Mannschaften aus 32 Ländern nach Augsburg ein. Eine gute Jugendarbeit war für den FCA auch eine Lebensversicherung: Unter der Ägide Renz wurden rund 40 Jugendspieler in den bezahlten Fußball transferiert – die Erlöse sicherten lange Zeit die Existenz des Vereins.

Die größten Erfolge feierten die A-Junioren unter Trainer Heiner Schuhmann in den 1990er Jahren: Viermal holten die rot-grün-weißen Nachwuchskicker den DFB-Pokal – und 1993 machten sie ihr Meisterstück. Die unvergleichliche Serie startete mit dem Pokalsieg 1991. Das Finale gegen den 1. FC Köln gewannen die Schuhmann-Schützlinge nach 0:2-Rückstand noch mit 3:2. Auch bei der Titelverteidigung im folgenden Jahr machte es der FCA spannend: Nach 90 Minuten stand es gegen Eintracht Braunschweig 1:1, erst im Elfmeterschießen setzten sich die Augsburger im Rosenaustation durch. Dann folgte das, was der damalige Präsident Peter Bircks den „größten Erfolg der Vereinsgeschichte" nannte: die Deutsche Meisterschaft. Auf dem Weg ins Endspiel hatte sich der FCA gegen Hertha Zehlendorf, den 1. FC Köln und Werder Bremen durchgesetzt. Im Finale, das 12.000 Zuschauer im Rosenaustadion verfolgten, ging es dann gegen den 1. FC Kaiserslautern.

Die Pfälzer kamen besser in die Partie, trafen bald nach der Pause zur Führung. Doch der FCA bewies Moral, drehte die Partie, gewann letztlich mit 3:1 – und holte das erste und bisher einzige Mal die Meisterschaft nach Augsburg. Auch die beiden folgenden Spielzeiten gerieten erfolgreich: 1994 behielt der FCA im Pokal-

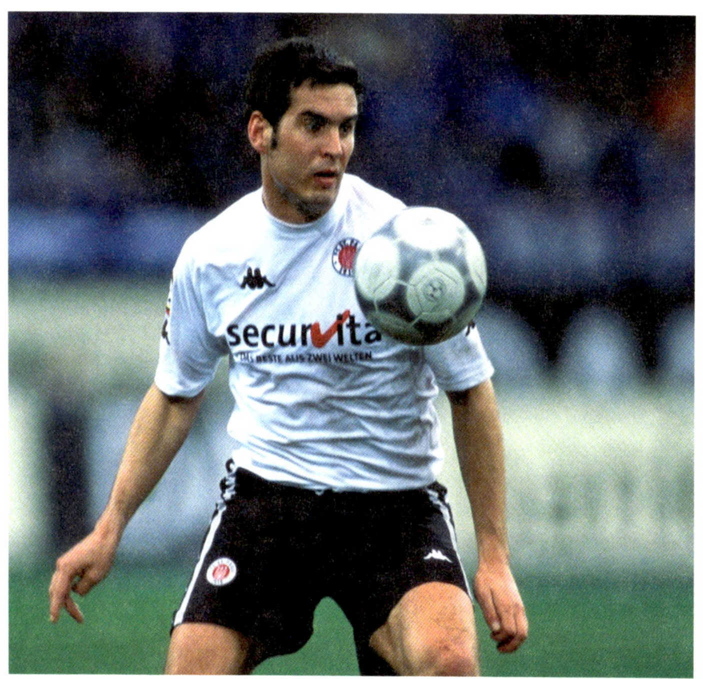

Thomas Meggle spielte in den „Goldenen Jahren" in der FCA-Jugend.

Endspiel gegen den 1. FC Köln mit 2:1 die Oberhand, 1995 wurde das Finale um den DFB-Pokal beim FC Berlin mit 4:2 gewonnen.

Natürlich haben es nicht alle Spieler aus den erfolgreichen Teams in den Profifußball geschafft, einige aber durchaus. Zuständig für die Trophäen waren unter anderem: Dieter Frey (später Bayern München, SC Freiburg, Werder Bremen und 1. FC Nürnberg), Thomas Tuchel (später Stuttgart Kickers und SSV Ulm, als Trainer beim 1. FSV Mainz, Borussia Dortmund, Paris St. Germain und FC Chelsea tätig), Michael Rösele (1. FC Köln), Darius Kampa (Torwart unter anderem beim 1. FC Nürnberg und Mönchengladbach), Thomas Meggle (St. Pauli, Hansa Rostock), Frank Gerster (u.a. Bayern München und Eintracht Frankfurt), Ilhan Mansiz (unter anderem 1. FC Köln, Beşiktaş Istanbul, Hertha BSC).

Rot-grün-weiße Zahlenspiele

23

Michael Thurk wurde in der Saison 2009/10 Torschützenkönig der 2. Bundesliga. Er konnte in der Saison, die der FCA als Dritter abschloss, 23 Treffer erzielen.

13

Sekunden benötigte Bayern-Star Leon Goretzka am 15. Februar 2019, um im Spiel gegen den FC Augsburg seinen Torwart Manuel Neuer zu überwinden – das schnellste Eigentor der Bundesligageschichte. Die Vorarbeit hatte Philipp Max geleistet.

39

Mit 39 Jahren, sieben Monaten und elf Tagen erzielte Helmut Haller seinen letzten Treffer für den FCA. Knapp zwei Monate später absolvierte er sein finales Pflichtspiel für die Rot-Grün-Weißen.

7

Marco Richter, der später auf 102 Spiele für die FCA-Profis kommen sollte, erlebte im Juli 2016 als 18-Jähriger einen perfekten Tag: Beim 12:0-Sieg gegen den SV Seligenporten steuerte er sieben Treffer bei.

355

Zwischen 2008 und 2020 absolvierte Daniel Baier 355 Pflichtspiele für den FCA – absoluter Rekord in der jüngeren FCA-Geschichte.

17

Mit 17 Jahren, drei Monaten und 17 Tagen ist Simon Asta der bisher jüngste Spieler, der in der Bundesliga für den FCA auf dem Platz stand. Am letzten Spieltag der Saison 2017/18 wurde er beim SC Freiburg in der 80. Minute für Jan Moravek eingewechselt.

77.116

Besucherrekord in der eingleisigen 2. Bundesliga: Am finalen Spieltag der Saison 2010/11 empfing der Meister und Bundesligaaufsteiger Hertha BSC den Vizemeister und Bundesligaaufsteiger FC Augsburg. 77.116 Zuschauer, darunter rund 7.000 Augsburger, sahen die Partie im Olympiastadion.

52

Die Bundesliga-Spielzeit 2013/14 schloss der FCA als Achter mit 52 Punkten ab – der bisherige Rekord. Als die Mannschaft ein Jahr später Fünfter wurde und sich für die Europa League qualifizierte, waren es „nur“ 49 Punkte.

21.219

In der Bayernliga-Saison 2001/02 spielte der FCA noch gegen 1860 München II, 15 Jahre später lief es andersrum: Im Oktober 2017 empfing der FCA II in der Augsburger Arena die Münchener Löwen mit Ex-FCA-Profi Sascha Mölders. 21.219 Zuschauer wollten die Partie sehen – Zuschauerrekord in der Regionalliga Bayern. Der FCA gewann gegen den Tabellenführer mit 3.2.

Willkommen in der vierten Liga

Eigentlich hatte die Saison 1999/2000 so schön begonnen: Mit vier Siegen war man in die Punktrunde gestartet. Als der FCA am fünften Spieltag als Tabellenführer die 2. Mannschaft der Bayern empfing, standen Schlangen vor den Tickethäuschen am Rosenaustadion. Das hatte man schon lange nicht mehr gesehen. Immerhin 4.000 Zuschauer wollten einen weiteren Erfolg sehen – und natürlich wurden sie enttäuscht. Die Augsburger unterlagen mit 0:2.

Es folgten noch weitere Niederlagen, aber am Ende standen die Rot-Grün-Weißen auf dem achten Platz. Und das bedeutete die sichere Qualifikation für die neue zweigleisige Regionalliga. Man freute sich schon auf Gegner wie Eintracht Trier oder die Sportfreunde Siegen, sogar Auswärtsreisen in den Osten der Republik, nach Erfurt und Jena, wären erstmals auf dem Programm gestanden.

Doch neben der sportlichen Qualifikation gab es auch eine wirtschaftliche Lizenzierung durch den DFB. Hauptsponsor Infomatec, ein aufstrebendes Softwareunternehmen, wollte den FCA eigentlich in eine goldene Zukunft führen, doch es scheiterte letztendlich schon an einer vom DFB geforderten Bankbürgschaft. Der Verband verweigerte dem FCA die Lizenz. Statt durch die halbe Republik zu reisen, musste der FCA in der Bayernliga antreten. Erstmals machte der Verein Bekanntschaft mit der Viertklassigkeit.

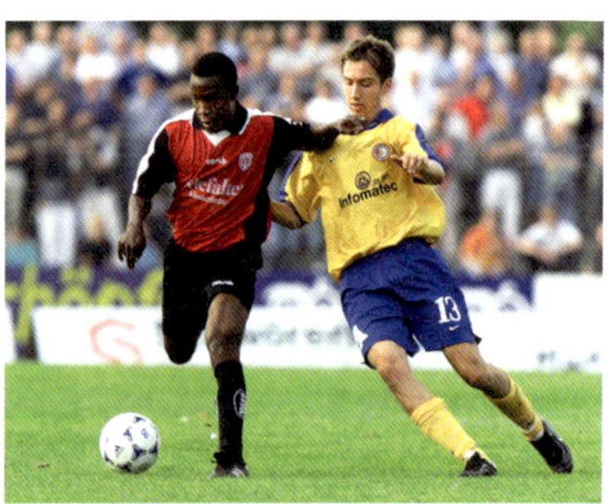

Ungewohnt in gelb-blauen Trikots: Der FCA (im Bild Herbert Obele) schaffte in der Saison 1999/2000 sportlich die Qualifikation für die neue zweigleisige Regionalliga. Doch dann kam alles anders.

Ein Visionär namens Seinsch

Es gehört schon einiges an Chuzpe dazu, wenn man beginnt, sich bei einem abgehalfterten Bayernligisten zu engagieren und schon bald von Stadion-Neubau und Bundesliga schwadroniert. Und dann auch noch Recht behält. Aber von vorne, zurück in das Jahr 2000: Dem FCA wurde in diesem Jahr die Lizenz für die Regionalliga verweigert, kurz darauf stand der Verein ohne Trainer, ohne Manager, ohne Führungsmannschaft und fast ohne Spieler da. „Nur ein Wunder kann FCA retten", titelte damals die Heimatzeitung. Bereits im Herbst nahm das Wunder seinen Lauf. Der FCA verkündete, dass eine Investorengruppe einsteigen wolle, der Sprecher sollte das Amt des Vorstandsvorsitzenden übernehmen. Es war Walther Seinsch, der in den folgenden fast 14 Jahren der starke Mann beim FC Augsburg werden sollte.

Mit akribischer Arbeit machte er sich daran, den Verein zu entschulden, eine schlagkräftige Mannschaft aufzubauen und bald ein modernes Stadion zu planen. Ein modernes Stadion? Zu einem Zeitpunkt, als der FCA in der viertklassigen Bayernliga vor 500 Zuschauern nicht einmal um den Aufstieg spielte? Die Fans, zu denen sich Seinsch gerne in den Block stellte, träumten natürlich bereitwillig mit, doch mancher Politiker schlug die Hände über dem Kopf zusammen. Aber der Visionär Seinsch hatte ein klares Credo: „Wo eine moderne Arena steht, da wird über kurz oder lang auch Bundesligafußball gespielt." Und: Seinsch war kein Hasardeur, sondern ein gewiefter Kaufmann. Die Bagger sollten erst anrollen, wenn der Aufstieg in die 2. Bundesliga realisiert wurde. Aber dafür musste man die Planungen rechtzeitig erledigen. Und so kam es dann auch.

Bis 2014 führte Seinsch den FCA. Er hat aus einem nahezu insolventen Pleite-Klub einen stabilen Bundesligisten gemacht. Dann erklärte er überraschend seinen Rücktritt. Wenige Monate später wurde er zum Augsburger Ehrenbürger ernannt, bald auch zum Ehrenpräsidenten des FCA.

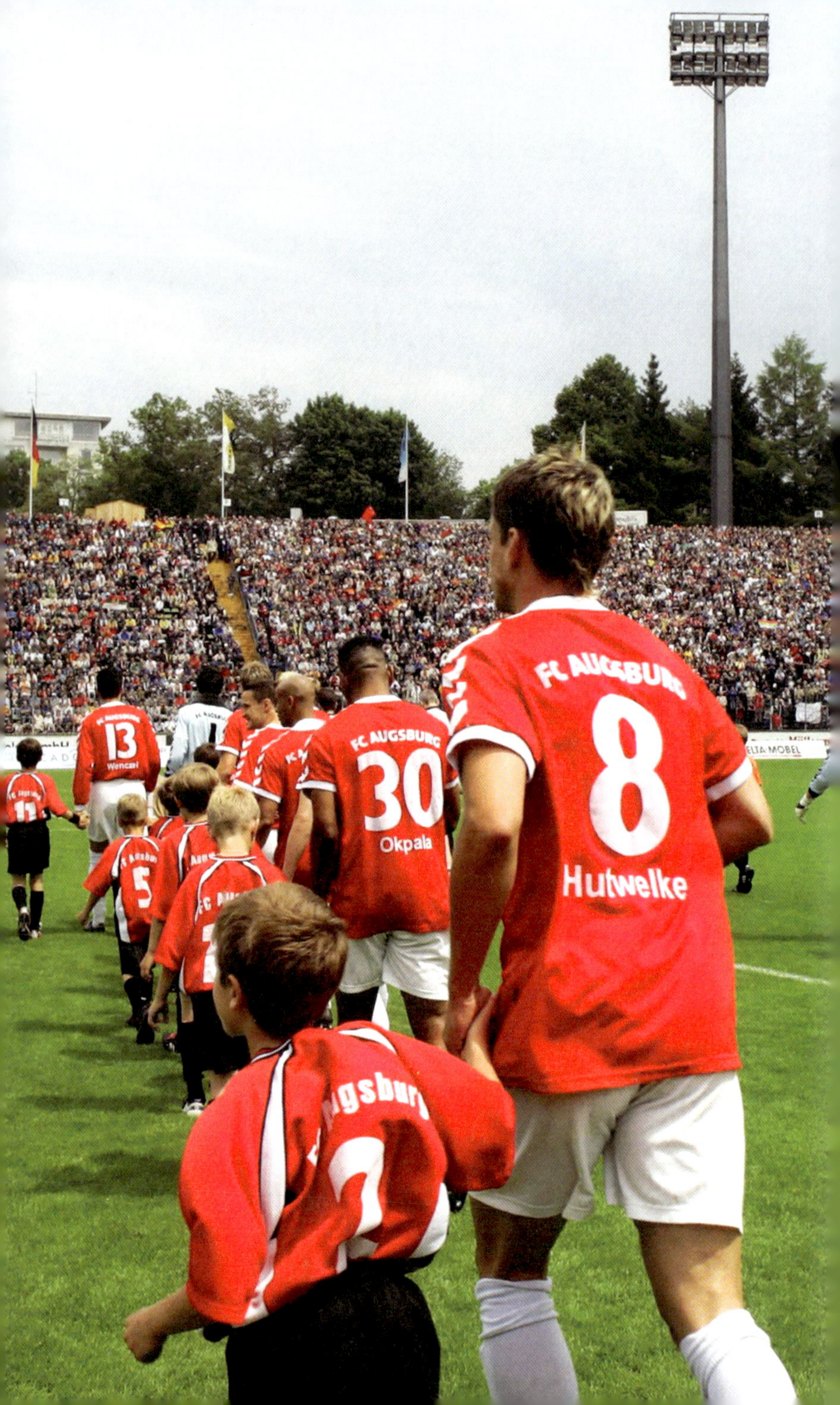
FC AUGSBURG
8
Hutwelke
FC AUGSBURG
30
Okpala
13
Wenczel

Zum Heulen

Ein ausverkauftes Rosenaustadion – das hatte man schon ewig nicht mehr gesehen. Doch im Juni 2005 gab es kaum ein anderes Gesprächsthema in der Stadt als den bevorstehenden Aufstieg in die 2. Bundesliga. Endlich würde der FCA wieder in den Profifußball zurückkehren, 1860 zum Derby empfangen, gegen namhafte Gegner antreten können. Alles war für die Aufstiegsfete bereit. Nur noch ein Spiel müsste der FCA dafür gewinnen: das finale Heimspiel gegen Jahn Regensburg. Eine lösbare Aufgabe, so schien es, schließlich hatten die Augsburger unter ihrem Trainer Rainer Hörgl zuvor 20 Punktspiele in Folge nicht verloren. Und es lief ja auch alles nach Plan, auch wenn die Führung für den FCA erst in der 63. Minute fiel. Sascha Benda hatte das so sehnlich erhoffte Tor per Freistoß geschossen. Für das vorausgegangene Foul hatte der Regensburger Kristjan Glibo Gelb-Rot gesehen. Was sollte jetzt noch schief laufen?

Und doch lief einiges schief: FCA-Stürmer Christian Okpala übersah egoistisch zwei bestens postierte Mitspieler, Mark Römer holte sich an der Mittellinie die Ampelkarte ab, Marco Löring vergab aus zehn Metern, und ausgerechnet der ehemalige Augsburger Grover Gibson erzielte mit einem – natürlich! – abgefälschten Schuss den Ausgleich. Im weiten Oval des Rosenaustadions wurde es mit einem Schlag mucksmäuschenstill. Dass dann noch in der Nachspielzeit der Siegtreffer für den Jahn fiel, tat schon nichts mehr zur Sache, ebenso wenig, dass sich SSV-Trainer Mario Basler diebisch über den wertlosen Sieg freute. „Es war für uns eine brutale Niederlage", blickte Trainer Hörgl später auf die Partie zurück. Ein Jahr danach feierten er und der FCA mit Rekord-Punktausbeute dann den erhofften Aufstieg.

Alles war am 4. Juni 2005 angerichtet zum so lang ersehnten Aufstieg in die 2. Bundesliga. Doch der FCA verlor im ausverkauften Rosenaustadion gegen Jahn Regensburg.

Heimspiel in München

Es war eine moderne Völkerwanderung, die am 16. März 2007 stattfand. Auf der Autobahn nach München und in den Zügen in die Landeshauptstadt dominierten die Farben Rot, Grün und Weiß. Ältere Semester fühlten sich an den August 1973 erinnert, als sich ähnliche Massen von A nach M bewegten. Diesmal war das Ziel der FCA-Anhänger nicht das Olympiastadion, sondern die knapp zwei Jahre zuvor eröffnete Allianz Arena. Bei Anpfiff der Partie des Aufsteigers aus Schwaben gegen die Münchener Löwen waren es wohl 40.000 Augsburger, die das ausverkaufte Traditionsduell zum Heimspiel für den FCA machten. Am augenfälligsten war das kurioserweise in der Halbzeitpause, die Gastgeber hatten sich einen neckischen Zeitvertreib ausgedacht: Das mit einer Augenbinde versehene Löwenmaskottchen sollte vom Mittelkreis aus in Richtung 1860-Anhängerschaft laufen, die ihm mit ihrer Stimm-

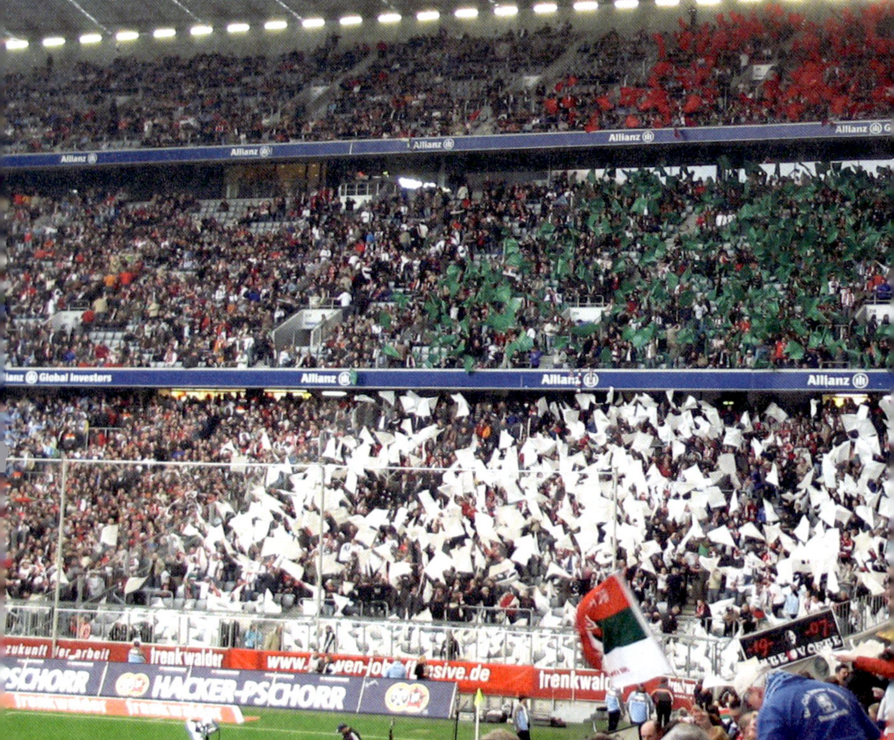

gewalt den Weg weisen mussten. Nur waren die Augsburger deutlich lauter, das Maskottchen lief Richtung FCA-Kurve, bis ein gnädiger Mitarbeiter ihm den „rechten" Weg wies.

Die Spieler des FCA jedenfalls waren aufgrund der Kulisse und des rot-grün-weißen Fahnenmeeres bis in die Haarspitzen motiviert. Bereits in der 14. Minute erzielte Leo Haas die Führung, vier Minuten später erhöhte der belgische Stürmer Alex Lawarée auf 2:0. Und als Patrick Mölzl acht Minuten vor Abpfiff den 3:0-Endstand herstellte, gab es kein Halten mehr. Die Löwen, die bereits das Hinspiel mit 0:3 verloren hatten und in deren Anfangself mit Markus Thorandt ein früherer und mit Daniel Baier ein späterer FCA-Spieler standen, hatten nichts zu melden. Nach dem Spiel machten sich die FCA-Profis auf zur Ehrenrunde – und aus wirklich jedem Eck der Fröttmaninger Arena wurde ihnen zugewunken.

Fest in Augsburger Hand: die Allianz-Arena, als der FCA als Aufsteiger im März 2007 bei den Löwen zu Gast war

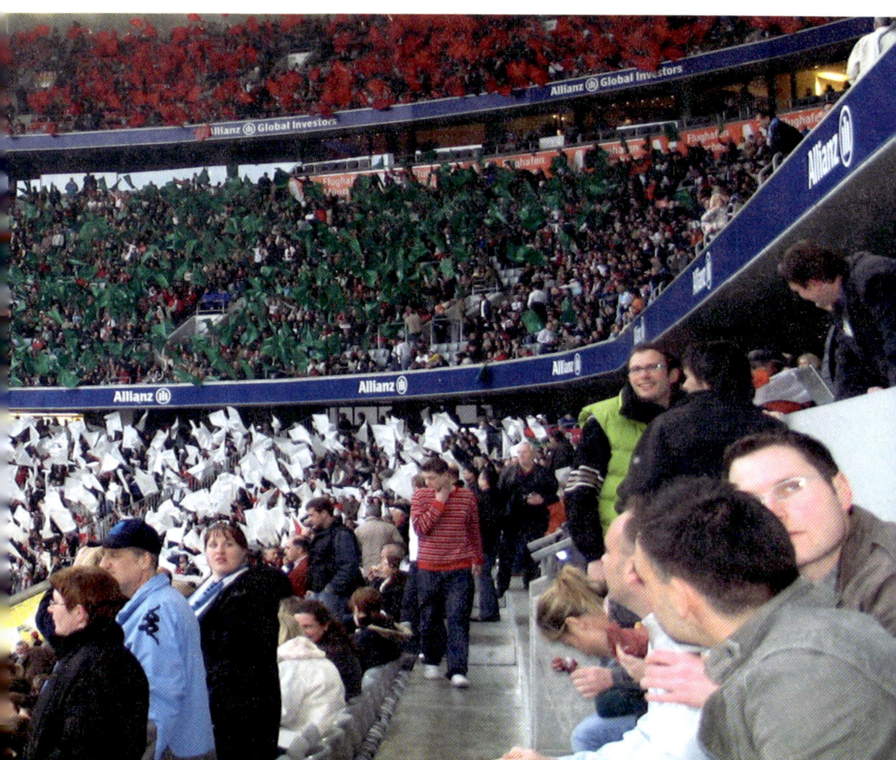

Die Tore des Monats

Seit März 1971 zeichnet die ARD-Sportschau das „Tor des Monats" aus. Viele Jahre lang wurde Kickern unterklassiger Vereine wie etwa des TSV Burghof oder der SpVgg Fechenheim 03, A-Junioren, einem Spieler der DDR-Oberliga und einem 79-Jährigen die begehrte Trophäe überreicht – nur keinem FCA-Spieler. Das änderte sich erst im November 2002. In der Regionalliga gastierte der VfR Aalen in der Rosenau. Aufgrund eines Geburtstagsessen für die Oma schaffte es der Autor dieses Buches erst zur zweiten Hälfte ins Stadion. Glücklicherweise rechtzeitig, um den historischen Treffer von Vladimir Manislavić zu bestaunen: Nach einer Stunde Spielzeit hob der Serbe ab und erzielt per perfektem Fallrückzieher das wichtige 1:0. Für den Stürmer war es die zweite Nominierung, im November 2001 schaffte er es ebenfalls mit einem Fallrückzieher auf den zweiten Platz. Nur 300 Stimmen mehr konnte ein gewisser Michael Thurk für sich verbuchen.

Zweimal noch wurde die Auszeichnung seit der Premiere nach Augsburg vergeben: Am 16. Spieltag der Zweitligasaison 2010/11 gastierte der FCA beim FSV Frankfurt, in der 77. Minute

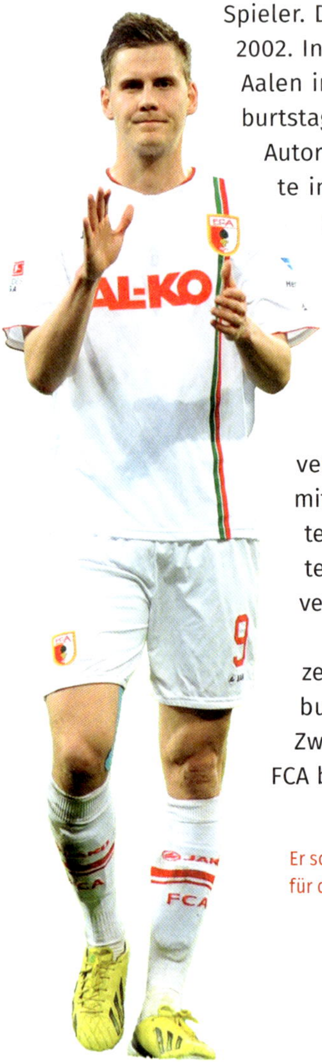

Er schoss das zweite „Tor des Monats" für den FC Augsburg: Torsten Oehrl

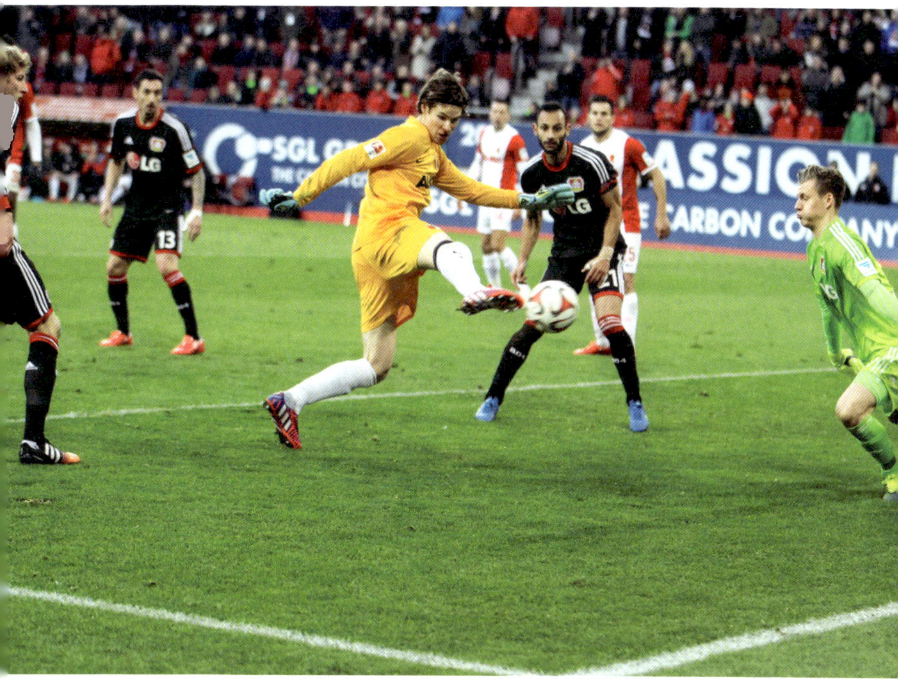

Kann man so machen: Kurz vor Schluss erzielte Torhüter Marwin Hitz den Ausgleich gegen Bayer Leverkusen und damit das „Tor des Monats" im Februar 2015.

besorgte der kurz zuvor eingewechselte Torsten Oehrl mit einem Seitfallzieher die 2:1-Führung. Unvergessen ist auch das dritte „Tor des Monats". Am 21. Februar 2015 empfingen die Augsburger Bayer Leverkusen in der Bundesliga. Die Gäste führten kurz vor Schluss mit 2:1. In der vierten Minute der Nachspielzeit gab es noch eine Ecke für den FCA, Schlussmann Marwin Hitz eilte in den gegnerischen Strafraum, die Werkself konnte nicht klären, Hitz kam an den Ball und vollendete in bester Torjägermanier zum Ausgleich. In der langen Geschichte des Bundesliga war es erst der dritte Treffer, den ein Torwart aus dem Spiel heraus erzielen konnte.

Wir fahren fast nach Berlin

Der Start in den DFB-Pokal verlief schon mal nicht schlecht: Als der BCA 1935 bei seinem ersten Spiel im Wettbewerb, der damals Tschammer-Pokal hieß, auf den VfB Stuttgart traf, konnte man sich beim Vizemeister mit 4:3 nach Verlängerung durchsetzen. Doch bis die Augsburger so richtig weit kamen, dauerte es ein wenig – bis zum Pokal 2009/10.

Die erste Runde für den damaligen Zweitligisten FCA gestaltete sich noch etwas zäh: Gegen den Zweitliga-Absteiger FC Ingolstadt gab es einen knappen 2:1-Sieg. Dann mussten die Rot-Grün-Weißen gegen einen Bundesligisten ran. Mit einem 1:0-Erfolg über den SC Freiburg zogen die Schwaben ins Achtelfinale ein. Dort ging es in der eigenen Arena gegen den Ligakonkurrenten MSV Duisburg. Mit 5:0 wurden die Zebras heimgeschickt. Unvergessen bleibt das Viertelfinale gegen den 1. FC Köln: Erstmals war die neue Arena im Süden der Stadt, die der FCA zu Beginn der Saison bezogen hatte, ausverkauft. An einem eiskalten Mittwochabend gastierte mit den Domstädtern abermals ein Bundesligist. Bereits nach drei Minuten brachte Michael Thurk den Underdog in Führung. Und als nach einer halben Stunde Kölns Adil Chihi Rot sah, bahnte sich eine Pokalüberraschung an. Nur neun Minuten währte an diesem Abend der Arbeitstag von Nationalspieler Lukas Podolski, der in der 60. Minute eingewechselt wurde. Kurz darauf wurde er mit Gelb-Rot schon wieder zum Duschen geschickt. Als in der 85. Minute mit Petit noch eine weiterer Rheinländer vom Platz gestellt wurde, nutzte Nando Rafael die Überzahl und erhöhte gegen acht Kölner auf 2:0.

Der Traum vom Finale in Berlin ging dann aber nicht in Erfüllung. Zum Halbfinale ging es nach Bremen. Keine leichte Aufgabe, schließlich war in den vergangenen 20 Jahren bei Pokalspielen kein Gegner im Weserstadion als Sieger vom Platz gegangen. Auch der

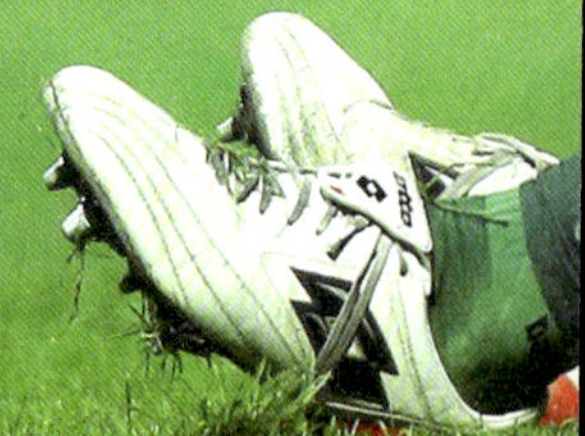

aufstrebende Zweitligist aus Augsburg konnte die grün-weiße Serie am 23. März 2010 nicht beenden. Gegen das mit Stars wie Claudio Pizarro, Mesut Özil, Naldo, Per Mertesacker oder Torsten Frings gespickte Bundesliga-Team hielten sich die Rot-Grün-Weißen aber tapfer: Marko Marin sorgte zwar nach einer halben Stunde für Bremens Führung, doch in der Folge kamen auch die Augsburger zu ihren Chancen. Letztendlich sorgte Pizarro in der 84. Minute für den 2:0-Endstand. Werder zog ins Berliner Finale ein und unterlag dort den Bayern mit 0:4.

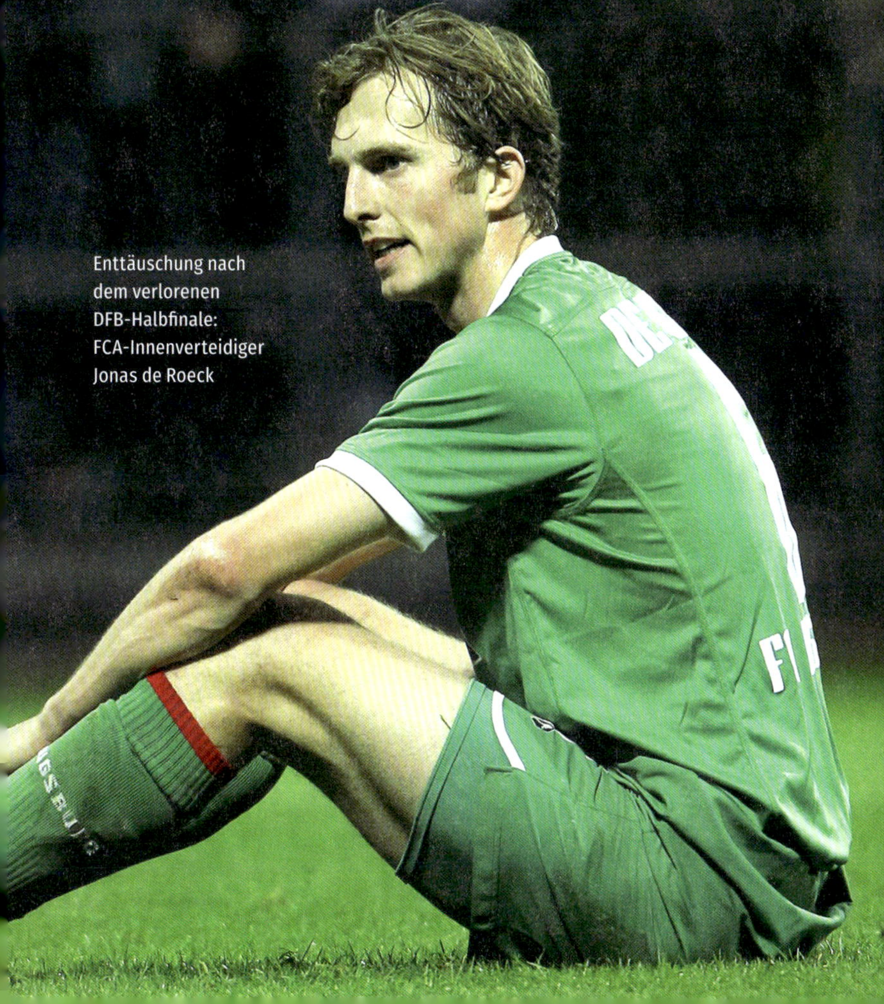

Enttäuschung nach dem verlorenen DFB-Halbfinale: FCA-Innenverteidiger Jonas de Roeck

Zittrige Erlösung

Ein Denkmal von einem Fußballmoment: Es läuft die 85. Spielminute, Michael Thurk legt sich den Ball zum Eckball bereit. Der Schuss fliegt an Freund und Feind vorbei Richtung zweiter Pfosten. Dort steht der wenige Minuten zuvor eingewechselte Stephan Hain, der den Ball über die Linie bugsiert. Das Stadion steht Kopf, auf dem Rasen verschwindet der Torschütze unter einem Berg von Mitspielern, Trainerstab und Funktionären.

Es war der 242. von 243 Treffern, die der FC Augsburg zwischen 2006 und 2011 in der 2. Bundesliga erzielte – und es war das Tor, das die Rot-Grün-Weißen in die Bundesliga beförderte. Der 8. Mai 2011 geht in die Geschichtsbücher ein: Am 33. Spieltag gewinnt der hochüberlegene FCA gegen den FSV Frankfurt mit 2:1.

Was musste an diesem Tag gezittert werden!

Schon in der dritten Minute waren die Gäste durch einen Foulelfmeter in Führung gegangen, gut zehn Minuten später konnte Michael Thurk ausgleichen. Doch ein weiterer Treffer zum dringend benötigten Sieg wollte der Elf von Trainer Jos Luhukay trotz bester Chancen nicht gelingen – bis zur 85. Minute.

Für das Saisonfinale hatten sich die Spieltagsplaner einen besonderen Coup einfallen lassen: Der zweiplatzierte FCA durfte gemeinsam mit Meister Hertha BSC im Berliner Olympiastadion den Aufstieg feiern. Nur einer hatte nicht mitbekommen, dass es in der Partie um rein gar nichts mehr ging: Gibril Sankoh. Der Augsburger Innenverteidiger, der gerne einmal zwischen Genie und Wahnsinn wandelte, holte sich an seinem 28. Geburtstag mittels Trikot-Zupfen glatt Rot ab und verpasste so den Bundesligaauftakt. Ansonsten sahen die 77.116 Zuschauer – Rekord in der eingleisigen 2. Bundesliga – eine Partie mit Freundschaftsspiel-Charakter und hatten reichlich Zeit, den gleichzeitigen Aufstieg ihrer Mannschaften zu feiern.

Nach Stephan Hains Siegtreffer gegen Frankfurt gibt es kein Halten mehr, Michael Thurk glänzt mit einer besonderen Flugeinlage.

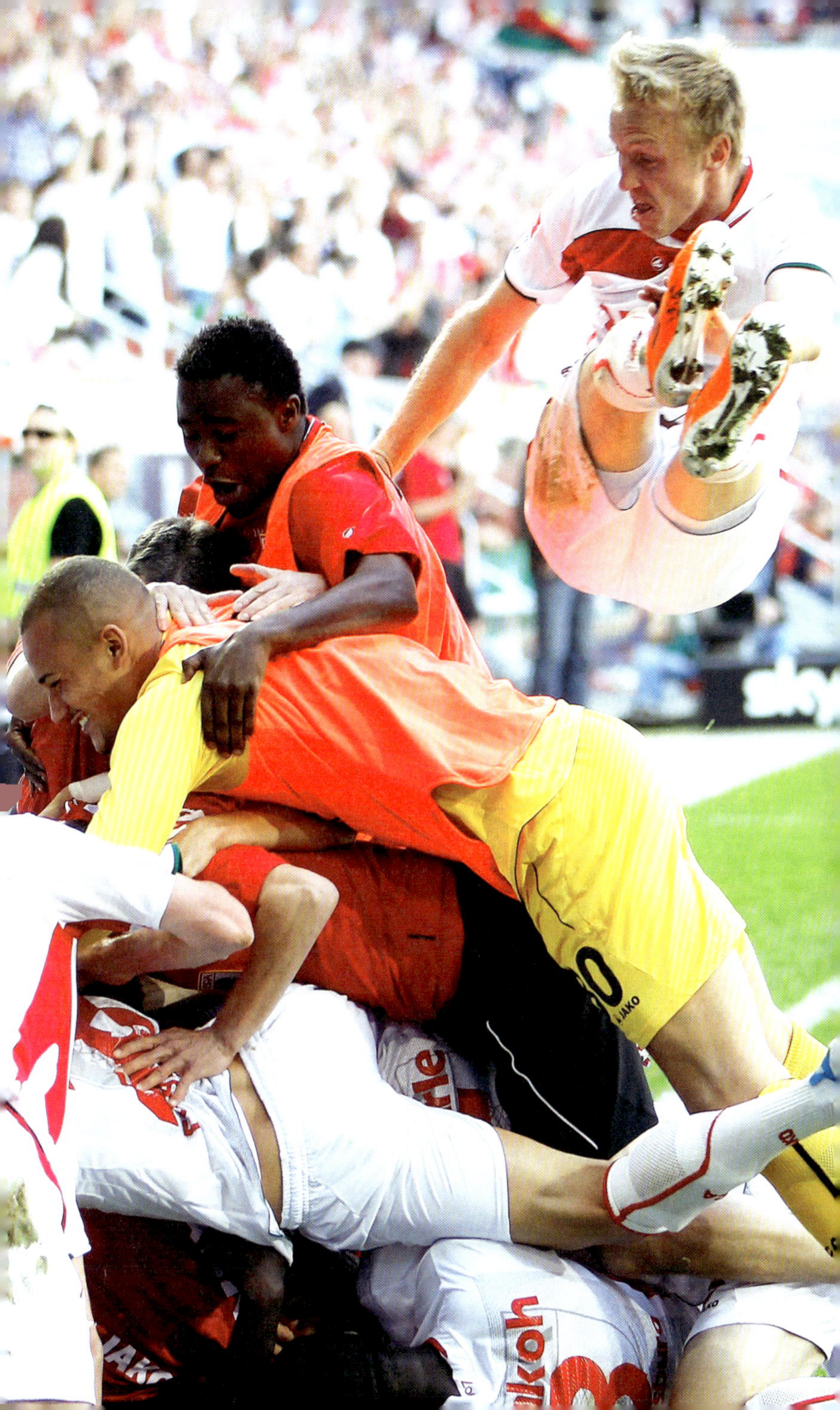
JAKO

FC International

Natürlich, auch in früheren Zeiten konnte sich der FC Augsburg mit Nationalspielern in seinen Reihen brüsten. Etwa in den 1970er Jahren, als der dänische Torwart Benno Larsen beim FCA unter Vertrag stand und zu einigen Einsätzen für die Elf seines Heimatlandes kam. Oder auch in der Regionalliga nach dem Aufstieg 2002: Da stürmte mit Milaim Rama ein Nationalspieler aus der Schweiz für die Rot-Grün-Weißen. Doch der vermeintliche Transfercoup erwies sich als Flop. In 13 Partien der Regionalliga Süd traf er nur einmal. Größere Personallücken bei Trainingseinheiten gab es während der Länderspielphasen aber erst nach dem Bundesligaaufstieg 2011.

Ein Überblick: die Bundesliga-Profis, die in ihrer FCA-Zeit auch international im Einsatz waren.

MOHAMED AMSIF

Der in Düsseldorf geborene Deutsch-Marokkaner wechselte 2010 von Schalke 04 an den Lech, hatte aber mit Simon Jentzsch einen starken Konkurrenten, an dem er nicht dauerhaft vorbeikam. Bis 2014 spielte er 27-mal für den FCA, bevor er zu Union Berlin wechselte. Sein Debüt für die Nationalmannschaft Marokkos gab er am 13.11.2011, auch beim Afrika-Cup im folgenden Januar kam er zum Einsatz. Insgesamt kam er auf acht Länderspiele.

ABDUL-RAHMAN BABA

Für den Linksverteidiger erhielt der FCA eine Rekordablösesumme. Dabei spielte er nur die Saison 2014/15 beim FCA, zuvor war er bei Greuther Fürth am Ball. Sein Wert hatte sich innerhalb eines Jahres verzehnfacht. Während seiner Zeit beim FCA kam er zu 13 Einsätzen bei den Black Stars, der Nationalelf Ghanas, unter anderem auch im Finale Afrika-Cups 2015, das im Elfmeterschießen gegen die Elfenbeinküste verloren ging.

ARISTIDE BANCÉ

Der Mittelstürmer wurde in der Elfenbeinküste geboren, spielte aber für Burkina Faso. Seine Zeit beim FCA stand unter keinem guten Stern, auch wenn sie hoffnungsvoll begonnen hatte. Bei seinem Pflichtspiel-Debüt im DFB-Pokal der Saison 2012/13 erzielte er einen Treffer, einen weiteren bereitete er vor. Doch danach wollte ihm nicht mehr viel gelingen, in 18 Bundesligaeinsätze blieb er ohne Torerfolg. Zur folgenden Saison wurde er nach Düsseldorf verliehen. Besser lief es in der Nationalmannschaft: Für Burkina Faso lief er zwischen 2003 und 2019 75-mal auf und steuerte 23 Tore bei.

LÁSZLO BÉNES

Der Slowake gehörte in der zweiten Hälfte der Saison 2021/22 als Leihspieler von Borussia Mönchengladbach zum FCA-Kader. Er kam in zwölf Spielen zum Einsatz und erzielte einen Treffer. In die Zeit fielen auch einige seiner bisher sieben Partien für die Slowakei, für die er auch bei der 2021 nachgeholten EM 2020 am Ball war.

RAÚL BOBADILLA

Gebürtig in Buenos Aires, spielte der Mittelstürmer international für Paraguay. 2013 wechselte Bobadilla vom FC Basel zum FC Augsburg, nach vier Spielzeiten verabschiedete er sich zu Borussia Mönchengladbach. Während seiner Zeit in Schwaben hatte das Kraftpaket auch seine beste Phase in der Nationalmannschaft und kam auf zehn seiner elf Länderspiele.

SERGIO CÓRDOVA

Beim FCA konnte sich Córdova nie so richtig durchsetzen. Seit 2017 stand der Stürmer aus Venezuela bei den Schwaben unter Vertrag, war in der Saison 2020/21 an Arminia Bielefeld ausgeliehen und spielt seit Februar 2022 bei Real Salt Lake City in den USA. Beim FCA kam er in 62 Partien zum Einsatz und erzielte sieben Tore, für die Nationalmannschaft Venezuelas kam er bis Redaktionsschluss dieses Buches auf bisher 15 Spiele.

KEVIN DANSO

Ein Nationalspieler aus der FCA-Jugend. Der Innenverteidiger stand erstmals im November 2017 im Bundesliga-Kader des FCA, sein Debüt gab er im März 2017 gegen den 1. FC Köln. Mit 18 Jahren und 165 Tagen war er zu diesem Zeitpunkt der jüngste Debütant der Augsburger Bundesligageschichte. Im Mai desselben Jahres wurde er dann auch erstmals in die österreichische Elf berufen, im September spielte er beim WM-Qualifikationsspiel gegen Wales für die Österreicher. 2021 wechselte Danso nicht ganz geräuschlos nach Frankreich zum RC Lens.

Kevin Danso

ALFRED FINNBOGASON

In der Geschichte des Nationalmannschaft Islands hat der Stürmer, der beim FCA seine sportliche Heimat gefunden hatte, seinen festen Platz. Er war es, der das erste WM-Tor der Isländer erzielen konnte – und das gegen niemand Geringeres als Argentinien. Die Partie endete sensationell mit einem Unentschieden. Für den FCA war Finnbogason seit 2016 am Ball, nach der Saison 2021/22 wurde sein Vertrag nicht mehr verlängert. In Augsburg kam der Angreifer auf 122 Pflichtspiele, mit 37 Treffern ist er der Rekordtorschütze in der Augsburger Bundesligageschichte. Das Trikot Islands trug der verletzungsanfällige Angreifer seit 2010 in 61 Partien.

MICHAEL GREGORITSCH

Die Geschichte hatte so gut angefangen: In der Saison 2017/18 kam Gregoritsch aus Hamburg an den Lech und trug mit 17 Scorerpunkten erheblich zum Klassenerhalt bei. Später wurde er zu Schalke 04 verliehen. Ab der Saison 2020/21 schlüpfte er wieder in das rot-grün-weiße Shirt und war in der folgenden Saison bester Augsburger Torjäger. Dann folgte der Wechsel nach Freiburg. Der Stürmer gab sein Debüt im österreichischen Team im September 2016, seitdem spielte er 39-mal für Österreich.

CARLOS GRUEZO

Aus Dallas wechselte der defensive Mittelfeldspieler, der auch schon beim VfB Stuttgart unter Vertrag gestanden war, zur Spielzeit 2019/20 nach Augsburg. In der Mannschaft Ecuadors ist er ein wichtiger Faktor: Seit 2014 wurde er 45-mal eingesetzt.

ROBERT GUMNY

Der Rechtsverteidiger kam im September 2020 zum FC Augsburg. Für die Nationalelf Polens debütierte er im November 2020, dreimal kam er bisher zum Einsatz.

ANDRÉ HAHN

Der wuchtige Rechtsaußen wechselte im Januar 2013 aus der 3. Liga von Kickers Offenbach in die Bundesliga – wo er sich innerhalb eines Jahres zum Nationalspieler entwickelte. In der Saison 2013/14 spielte er bärenstark, erzielte in 32 Partien für den FCA zwölf Treffer. So machte er auch Bundestrainer Jogi Löw auf sich aufmerksam. Am 5. März stand er im Freundschaftsspiel gegen Chile erstmals im Kader, wurde aber nicht eingesetzt. Drei Tage später wurde er für den vorläufigen WM-Kader nominiert und weitere fünf Tage später im Hamburger Volksparkstadion im Freundschaftsspiel gegen Polen zur zweiten Halbzeit eingewechselt. Er spielte solide, zur WM nach Brasilien fuhr dann aber Christoph Kramer.

MARTIN HINTEREGGER

Der Österreicher hatte das Zeug, schnell zum Publikumsliebling zu werden. Doch in Augsburg verabschiedete er sich auf ausgesprochen unschöne Art und Weise. 2016 verpflichtete ihn der FCA für die damalige Rekordablösesumme von rund zehn Millionen Euro, in der Winterpause der Saison 2019/20 erzwang er seinen Wechsel zu Eintracht Frankfurt. Für Österreich lief Hinteregger seit 2014 bisher in 67 Spielen auf. 2022 beendete er nach Turbulenzen um einige seiner Äußerungen seine Karriere.

MARWIN HITZ

Beim FCA war der Schweizer lange Zeit die unbestrittene Nummer 1, in der Elf der Eidgenossen hatte er es immer mit starken Konkurrenten zu tun. Hitz, der 2013 vom VfL Wolfsburg zu den Rot-Grün-Weißen kam und 2019 zu Borussia Dortmund wechselte, kam bisher lediglich zu zwei Länderspielen.

PIERRE-EMILE HÖJBJERG

Beim FCA war der Däne, der von der Bayern ausgeliehen war, nur ein halbes Jahr im Einsatz. Er erzielte ab am Ende der Saison 2014/15 ein ganz wichtiges Tor: Den 1:1-Ausgleich beim 3:1-Sieg in Mönchengladbach, der die Qualifikation zur Europa League bedeutete. Als Profi des FC Augsburg spielte er in drei Begegnungen für die dänische Mannschaft – dort hat er auch heute noch einen Stammplatz.

JEONG-HO HONG

Von 2013 bis 2016 stand der südkoreanische Innenverteidiger in Augsburger unter Vertrag und brachte es derweil auf 52 Partien. Das Trikot Südkoreas trug er zwischen 2010 und 2018 in 43 Partien, unter anderem war er im WM-Kader 2014 und spielte in allen drei Vorrunden-Begegnungen in Brasilien.

TIN JEDVAJ

Innenverteidiger Jedvaj, der bei Leverkusen unter Vertrag stand, spielte in der Saison 2019/20 für den FCA. In der Saison kam er auf acht Einsätze für Kroatien und 31 für Augsburg.

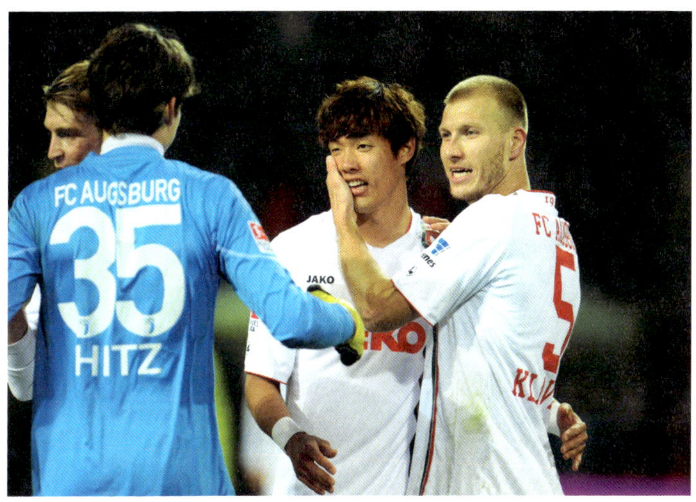

International im Einsatz: Ragnar Klavan, Jeong-Ho Hong und Keeper Marwin Hitz (v. r.)

FREDRIK JENSSEN

Seit 2018 spielt der Finne in Augsburg, für den Durchbruch hat es bisher nicht gereicht. Sein Länderspiel-Debüt gab er im März 2017, seitdem kam er auf zahlreiche Einsätze.

DONG-WON JI

Kompliziert war die Sache mit dem südkoreanischen Offensivspieler und Augsburg. Zur Rückrunde der Saison 2012/13 kam Ji als Leihspieler aus Sunderland nach Augsburg, kehrte nach einem halben Jahr aber zurück auf die Insel, ehe er im Januar 2014 wieder an den Lech kam. Allerdings wieder nur für eine halbe Saison, da er mittlerweile einen langfristigen Vertrag bei Borussia Dortmund unterschrieben hatte. Im Januar 2015 wechselte Ji dann ein drittes Mal nach Augsburg, der ihn dann schließlich im Januar 2018 nach Darmstadt verlieh. Im Team Südkoreas wurde Ji zwischen 2010 und 2019 56-mal eingesetzt, unter anderem bei der WM 2014.

Elfmetergeschichten

›› Viermal musste der FC Augsburg im DFB-Pokal im Elfmeterschießen ran. Bei der Premiere am 26. Oktober 1993 setzte es für den Bayernligisten eine unglückliche 3:4-Niederlage gegen Bayer Leverkusen, den großen Favoriten aus der Bundesliga. Da brachte es auch nichts, dass ein Weltstar im Bayer-Trikot seinen Versuch versemmelte: der ehemalige FCA-Junioren-Spieler Bernd Schuster. Zweimal sicherte sich der FCA schon in der ersten Runde nur dank des Elfmeterschießens das Weiterkommen: 2008 als Zweitligist gegen den Drittligisten SC Paderborn und 2010 beim ebenfalls eine Klasse tiefer spielenden SC Sandhausen. Die vorerst letzte Schlappe im Elfmeterschießen setzte es in der 2. Runde der Saison 2021/22 gegen den VfL Bochum.

›› Nein, es sah lange nicht gut aus für den FCA in seiner zweiten Bundesligasaison. Lediglich überschaubare neun Punkte hatte die Mannschaft in der Hinrunde des Saison 2012/13 gesammelt, kein Wunder also, dass am finalen Spieltag noch drei Zähler für den sicheren Klassenerhalt hermussten. Zu Gast in der Augsburger Arena waren die Fürther, für die es als Absteiger um nichts mehr ging. Bereits nach drei Minuten gab es die erste Schrecksekunde: FCA-Verteidiger Ragnar Klavan hatte seinen Gegenspieler im Strafraum leicht berührt, Schiedsrichter Tobias Welz zeigte auf den Punkt: Elfmeter für Fürth. Prib verwandelte sicher, aber weil ein Franke zu früh losgelaufen war, musste der Schuss wiederholt werden. Diesmal parierte FCA-Keeper Alexander Manninger und wurde vom Publikum frenetisch gefeiert. Am Ende gewannen die Augsburger mit 3:1 und hatten das Wunder Klassenerhalt wahr gemacht.

›› Aufregung in Köln: „Unfairer geht es nicht“, „Maulwurf Hitz“, der „Elfmeter(punkt)killer“ – so titelten die Gazetten. Was war geschehen? Dezember 2015, der FCA tritt in Köln an. In der 56. Minute beweist Anthony Modeste seine Schauspielbegabung und sinkt nach einer leichten Berührung im FCA-Strafraum auf den Boden.

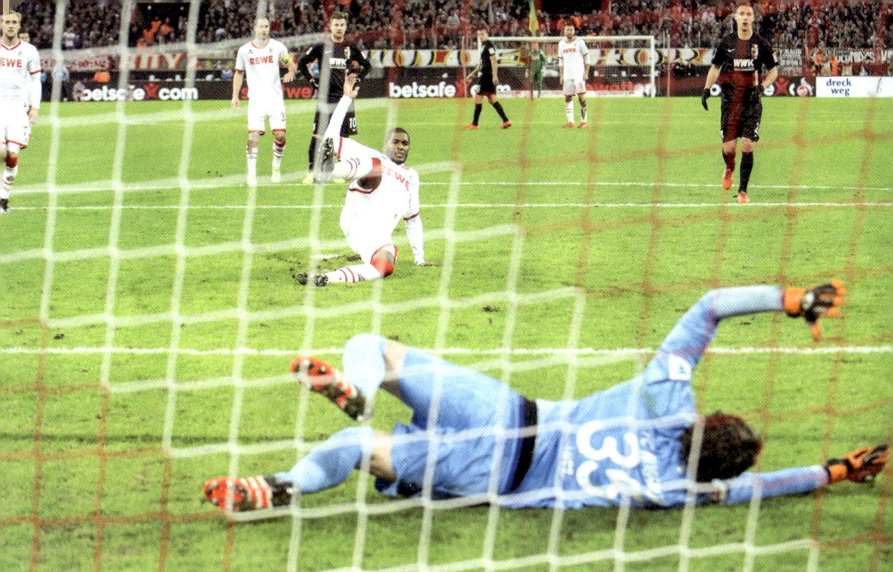

Nachdem Marwin Hitz den Elfmeterpunkt ordentlich präpariert hat, rutscht Anthony Modeste beim Schuss aus – Hitz pariert.

Der Schiedsrichter entscheidet auf Elfmeter, die Augsburger Profis reklamieren heftig, und inmitten dieses Tumultes bearbeitet FCA-Torwart Marwin Hitz den Elfmeterpunkt und – ja – tritt ihn kaputt. Modeste schnappt sich selbst den Ball, läuft an, rutscht aus, Hitz pariert. Am Ende gewinnt der FCA mit 1:0 – und die Kölner Sportstätten-GmbH schickt dem Schweizer Keeper eine Rechnung über 122,92 Euro für die Wiederinstandsetzung des Rasens. Hitz überweist den Betrag an eine Kölner Kinderklinik und der FCA schickt noch einen Rasenmäher seines Sponsors Alko in die Domstadt.

›› Von 2013 bis 2017 war der niederländische Rechtsverteidiger Paul Verhaegh als Elfmeterschütze in der Bundesliga gesetzt. Zu Recht: Er verwandelte 17 von 19 Versuchen – eine weit überdurchschnittliche Erfolgsquote von 89,5 Prozent.

›› Ein wenig Statistik: Durchschnittlich bekommt der FCA pro Bundesliga-Saison 4,72 Strafstöße zugesprochen und verwandelt knapp 80 Prozent. Zum Vergleich: In der Spielzeit 2021/22 durfte sich Borussia Dortmund über elf Elfmeterpfiffe freuen, der 1. FC Köln trat nur einmal aus elf Metern an.

Premierentreffer in der Bundesliga

Einer der Spieler, der die personalisierte DNA des FC Augsburg verkörperte, war Sascha Mölders – und das als Kind des Ruhrpotts. Immer giftig, immer griffig, vielleicht nicht mit dem allergrößten Talent und der allerbesten Technik gesegnet, dafür aber mit ganz großem Kämpferherz auf dem Platz unterwegs. „Die Nase ist kaputt und nicht der Fuß", derart lapidar erklärte er einmal, warum er sich trotz erlittenen Nasenbruchs nicht auswechseln ließ – und kurz darauf ein Tor erzielte.

Dabei hätte sich Mölders um ein Haar seine Bundesligakarriere selbst vermasselt: Als der FCA im Spiel gegen den FSV Frankfurt im Mai 2011 letztendlich den Aufstieg in die Bundesliga klar machte, trug Mölders das Trikot des FSV – und hatte nach rund einer Stunde Spielzeit beim Stand von 1:1 die Riesenchance, die Führung für die Hessen zu erzielen. Er vergab, wechselte kurz darauf für die Ablösesumme von gerade einmal 180.000 Euro zum Aufsteiger FCA, erzielte gleich bei der ersten Begegnung im Oberhaus beide FCA-Treffer zum 2:2 gegen den SC Freiburg und wurde prompt als erster Augsburger in die „Elf des Tages" der Fachzeitschrift Kicker berufen.

Ein paar weitere Höhepunkte aus seiner Zeit beim FCA gefällig? Beim Start der Rückrunde der Saison 2012/13, als die Rot-Grün-Weißen mit gerade einmal neun Punkten im Tabellenkeller festsaßen, erzielte Mölders mit seinem Hintern das 3:0 bei Fortuna Düsseldorf. Am Ende schaffte der FCA tatsächlich noch den Klassenerhalt, was bis dahin noch keinem Bundesligisten mit einer derart mageren Hinrunden-Ausbeute gelungen war. Auch am ersten Augsburger Sieg gegen Bayern München in der Bundesliga war er nicht gänzlich unbeteiligt: Am 5. April überwand er mit einem schnörkellosen Schuss Manuel Neuer. Nach 53 Ligaspielen ohne Niederlage musste sich der große Nachbar wieder einmal geschlagen geben.

Mölders ist wohl auch der Einzige, dem es der gemeine FCA-Fan nahezu verzieh, dass er zum alten Rivalen 1860 wechselte und sich sogar das Wappen der Löwen neben das des FCA tätowieren ließ – eine Kombination, die er weltweit wohl exklusiv hat. Schon beim FCA war Mölders nicht gerade ein Modellathlet, bei 1860, die ja doch ein paar Klassen weiter unten kickten, kamen noch ein paar Pfunde dazu. Besonders augenfällig wurde das bei einem Foto von einen Seitfallzieher: Das Trikot ist nach oben gerutscht und entblößt ein doch nennenswertes Bäuchlein. In schöner Selbstironie vermarktete Mölders über seine Homepage dann gleich T-Shirts, die ihn als „Wampe von Giesing" präsentierten. Dennoch wurde er 2021 in der 3. Liga Torschützenkönig und zum Spieler des Jahres gewählt.

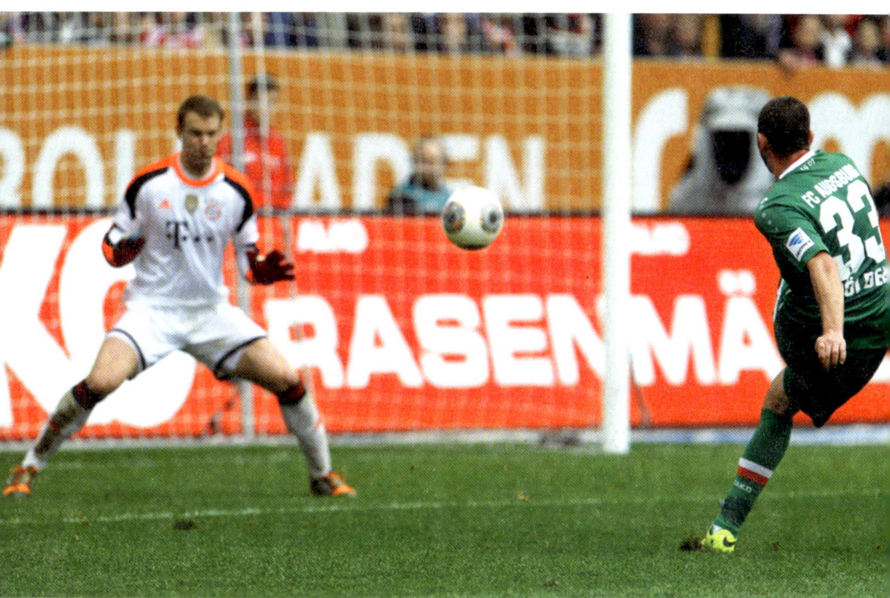

Der passt: Sascha Mölders erzielt am 5. April 2014 den goldenen Treffer zum ersten Sieg gegen die Bayern in der Bundesliga.

Der Stratege

355 Pflichtspiele für den FCA oder den BCA – das hat schon sehr, sehr lange keiner mehr geschafft. Und im Jahr 2008, als Daniel Baier vom VfL Wolfsburg an den Zweitligisten FC Augsburg ausgeliehen war, hätte wohl niemand darauf gewettet, dass der Mittelfeldspieler zum Rekordspieler der jüngeren Klubhistorie werden könnte. Nach 23 Einsätzen ging es für Baier erst einmal zurück zum VfL und zu Trainer Felix Magath, ehe ihn der FCA zur Saison 2009/10 fest verpflichten konnte. Baier war eine wichtige Säule der Mannschaft, spielte mal auf der „Zehn“, mal auf der rechten Außenbahn. Doch zu seiner Berufung fand er erst in der Bundesliga unter Markus Weinzierl. Der installierte Baier als defensiven Strategen vor der Innenverteidigung, hier konnte er seine Zweikampfstärke, seine Übersicht, seine Passsicherheit am besten einbringen. Über Jahre hinweg wurde Baier zum Herz und zum Gehirn des FCA. Am Ende der Saison 2013/14, in der der Mann mit der Nummer 10 keine Minute auf dem Spielfeld verpasst hatte, wählte ihn das Fachmagazin „Kicker“ in die „Elf des Jahres“. Neben ihm im zentralen Mittelfeld stand Philipp Lahm, sämtliche „Mitspieler“ in der Elf waren Nationalspieler. Baier indessen kickte für den FCA.

Dort hat er sämtliche Höhepunkte der vergangenen Jahre mitgenommen: Das Halbfinale im DFB-Pokal, die Relegation zur Bundesliga gegen den Nürnberger Club, den Aufstieg, die Spiele in der Europa League – nur die Partien gegen Liverpool verpasste der „unauffälligste Star der Liga“ (FAZ) verletzt. Zum 355. und letzten Mal trug Baier das FCA-Trikot am 17. Juni 2020, als der FCA sein Heimspiel gegen Hoffenheim mit 1:3 verlor. Bald darauf beendete er 36-jährig seine aktive Karriere.

Das muss erst einmal einer nachmachen: Daniel Baier stand zwischen 2008 und 2020 in 355 Pflichtspielen für den FCA auf dem Platz.

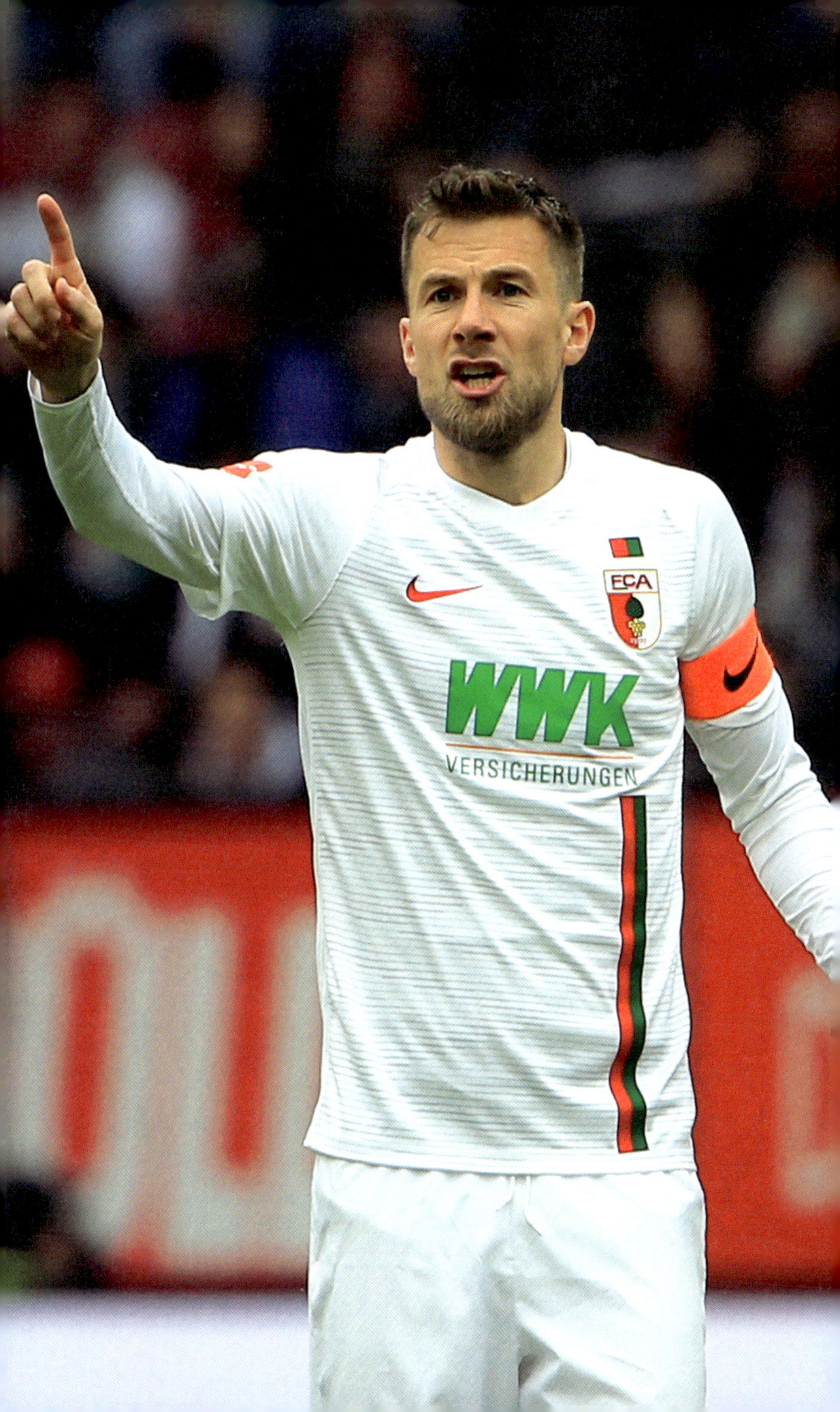
FCA
WWK
VERSICHERUNGEN

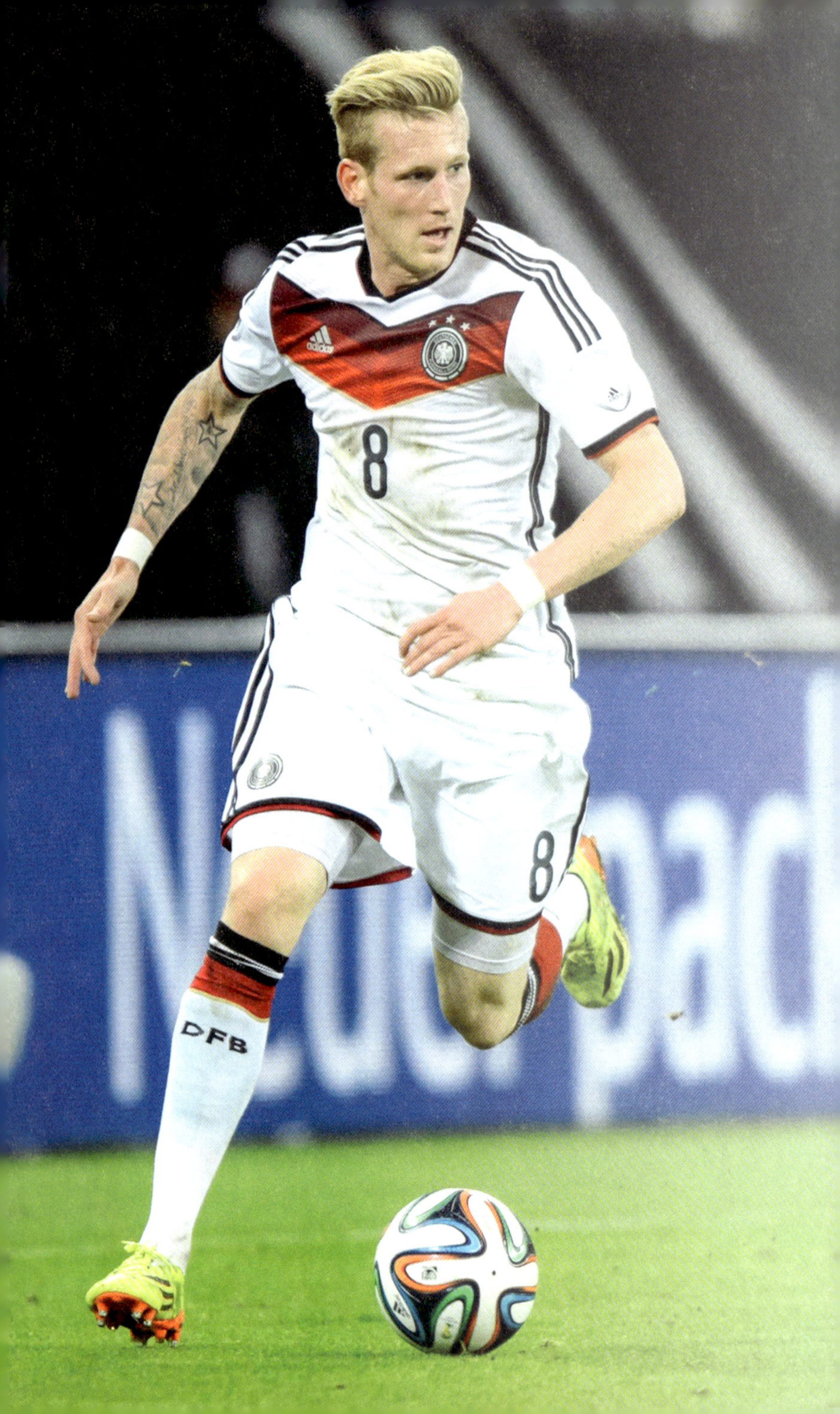
8
8
DFB

Der Hahnsinn

Im Sommer 2010 hätte wohl niemand beim FC Augsburg damit gerechnet, dass wenige Jahre später ein Nationalspieler zum Klub gehören würde. Und auch André Hahn, soeben beim Hamburger SV aus der 2. Mannschaft geworfen, hätte sich einen Einsatz im Dress der Nationalelf ausmalen können. Für den Außenstürmer ging es zunächst zum Regionalligisten FC Oberneuland und zum Drittligisten TuS Koblenz sowie zu Kickers Offenbach. In der Winterpause 2012/13 erhielt Hahn dann einen Anruf des FCA-Managers Stefan Reuter. Der 22-Jährige war nach eigenem Bekunden erst einmal sprachlos, ergriff dann aber die Chance, in die Bundesliga zu wechseln. Dort erwies sich der schnelle und durchsetzungsstarke Spieler bald als Verstärkung, in der Spielzeit 2013/14 explodierte quasi seine Leistung: Keiner schlug mehr Flanken in der Liga, nur einer war schneller, wenige liefen mehr, und mit zwölf Treffern war er der erfolgreichste Torschütze der Augsburger. Dann kam wieder ein überraschender Anruf, diesmal von DFB-Co-Trainer Hansi Flick. „Ich musste zunächst überlegen, wo er hingehört. Dann habe ich ihm gesagt, dass ich ihm nicht ganz glaube: Ich dachte, ich werde verarscht“, berichtete Hahn später. Wurde er nicht. Tatsächlich wurde er zum Länderspiel gegen Chile am 5. Mai 2014 in die Auswahl berufen, kam aber nicht zum Einsatz. Auch im vorläufigen Kader für die WM 2014 hatte man drei Tage später Platz für ihn. Und am 13. Mai, als er in Hamburg gegen Polen in der zweiten Halbzeit eingewechselt wurde, stand er das erste (und bisher einzige) Mal im Dress mit dem Adler auf der Brust auf dem Platz.

Nach 52 Jahren oder 597 Länderspielen kam mit André Hahn nach langer Durststrecke wieder ein Augsburger Spieler in der Nationalmannschaft zum Einsatz. Sein Vorgänger war Helmut Haller, der beim Viertelfinale der WM 1962 zu seinem 19. Länderspiel kam – das letzte, das er als BCA-Spieler bestritt.

Nach 52 Jahren stellte ein Augsburger Verein mal wieder einen Nationalspieler: Im Mai 2014 trug André Hahn gegen Polen das Trikot der DFB-Elf.

Die beste Saison

Ist schon klar: 2014/15, der FCA überholt durch einen 3:1-Sieg in Mönchengladbach am letzten Spieltag noch Schalke 04, schließt die Saison als Fünfter ab und qualifiziert sich sensationell direkt für die Gruppenphase der Europa League. Die beste Punktrunde in der Vereinsgeschichte.

Aber so einfach ist es nicht: Der FCA sammelte in dieser Spielzeit 49 Punkte ein, gewann 15 Partien, verlor ebenso viele, spielte nur viermal unentschieden, erzielte 43 Treffer und kassierte 43 Tore. Ein Jahr zuvor wurden die Augsburger zwar nur Achter und verpassten um einen Punkt den internationalen Wettbewerb, aber die Endabrechnung sah besser aus. Damals standen 52 Zähler auf dem Konto. Kurios: Auch 2013/14 konnte der FCA 15 Begegnungen für sich entscheiden, das Torverhältnis (47:47) war ebenfalls ausgeglichen. Die bessere Ausbeute erklärt sich aus sieben Remis und nur zwölf Niederlagen. Ein Höhepunkt der Saison: Am 29. Spieltag gastierte der FC Bayern München in Augsburg und hatte die beeindruckende Serie von 53 Ligaspielen ohne Niederlage mit im Gepäck – die der FCA beendete. In der 31. Minute eroberte Daniel Baier im Mittelfeld den Ball, steckte klug auf Sascha Mölders durch, der humorlos gegen Manuel Neuer zum 1:0 abschloss: Es war der goldene Treffer des Tages und ist vielen noch ziemlich gut im Gedächtnis.

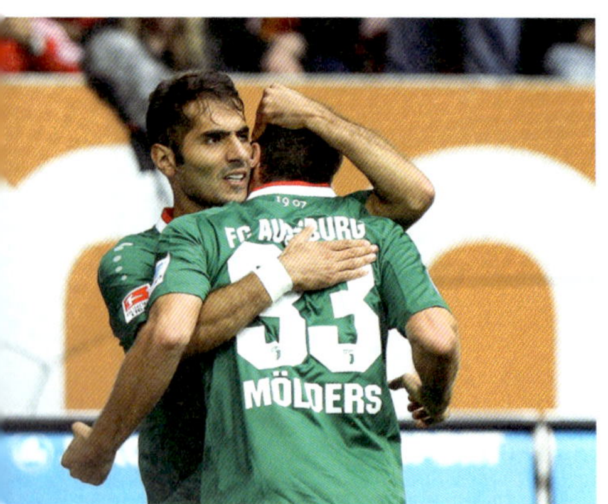

Erst am dritten Spieltag der Saison 2013/14 kann der FCA mit einem 2:1-Sieg gegen den VfB Stuttgart Punkte einfahren. Den Treffer zum 1:0 erzielt Halil Altintop. Am Ende der Spielzeit stehen 52 Zähler auf dem Konto.

Ach ja: Wiederholung gerne erwünscht.

Ein warmer Geldregen

Nein, am Lech hatte der junge Mann mit dem klangvollen Namen nicht allzu lange Zeit zu zeigen, was in ihm steckt – aber das hat eine Blitzkarriere wie die seine wohl so an sich. Im August 2014 verpflichtete der FCA den begabten, gerade einmal 20-jährigen Außenverteidiger Abdul Rahman Baba vom Zweitligisten SpVgg Greuther Fürth.

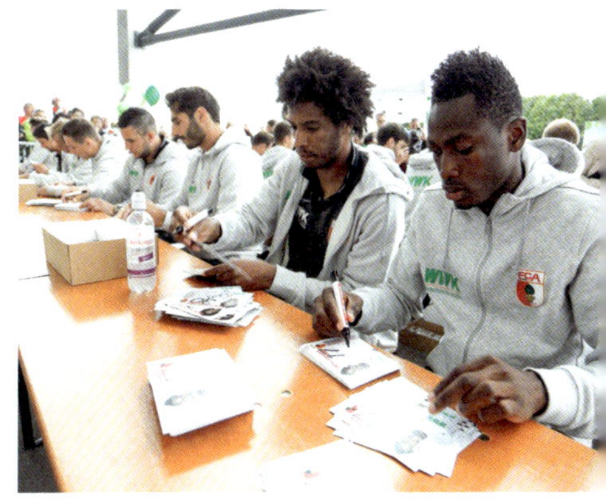

Von Augsburg in die große Fußballwelt: Abdul Rahman Baba im August 2015 beim Autogrammschreiben mit Caiuby, Halil Altintop und Raúl Bobadilla (v. r.).

Nach einem Jahr und 31 Spielen für die Rot-Grün-Weißen war er auch schon wieder weg. Der FC Chelsea hatte dem Talent einen recht gut dotierten Fünfjahresvertrag vorgelegt, und dem FCA wurde der vorzeitige Wechsel in die Premiere League mit einer satten Ablöse schmackhaft gemacht. Die Blues hatten tief in die Tasche gegriffen und sich den Transfer rund 26 Millionen Euro kosten lassen. Durchsetzen konnte sich der ghanaische Abwehrmann in London nicht, nach der Hinrunde 2015/16, in der Baba auf nur fünf Einsätze in der Liga kam, galt er als der teuerste Bankdrücker der Welt. Immerhin kam Baba in der Folge ganz schön herum: Nach einer Saison wurde er zurück in die Bundesliga an den FC Schalke verliehen, danach folgten Gastspiele in Frankreich (Stade Reims), Spanien (RCD Mallorca), Griechenland (PAOK Thessaloniki) und zuletzt in Englands zweiter Liga (FC Reading). Für Baba hat sich der Transfer dennoch gelohnt, zumindest in finanzieller Hinsicht: Sein Verdienst bei den Blues soll sich auf fünf Millionen Euro jährlich belaufen haben.

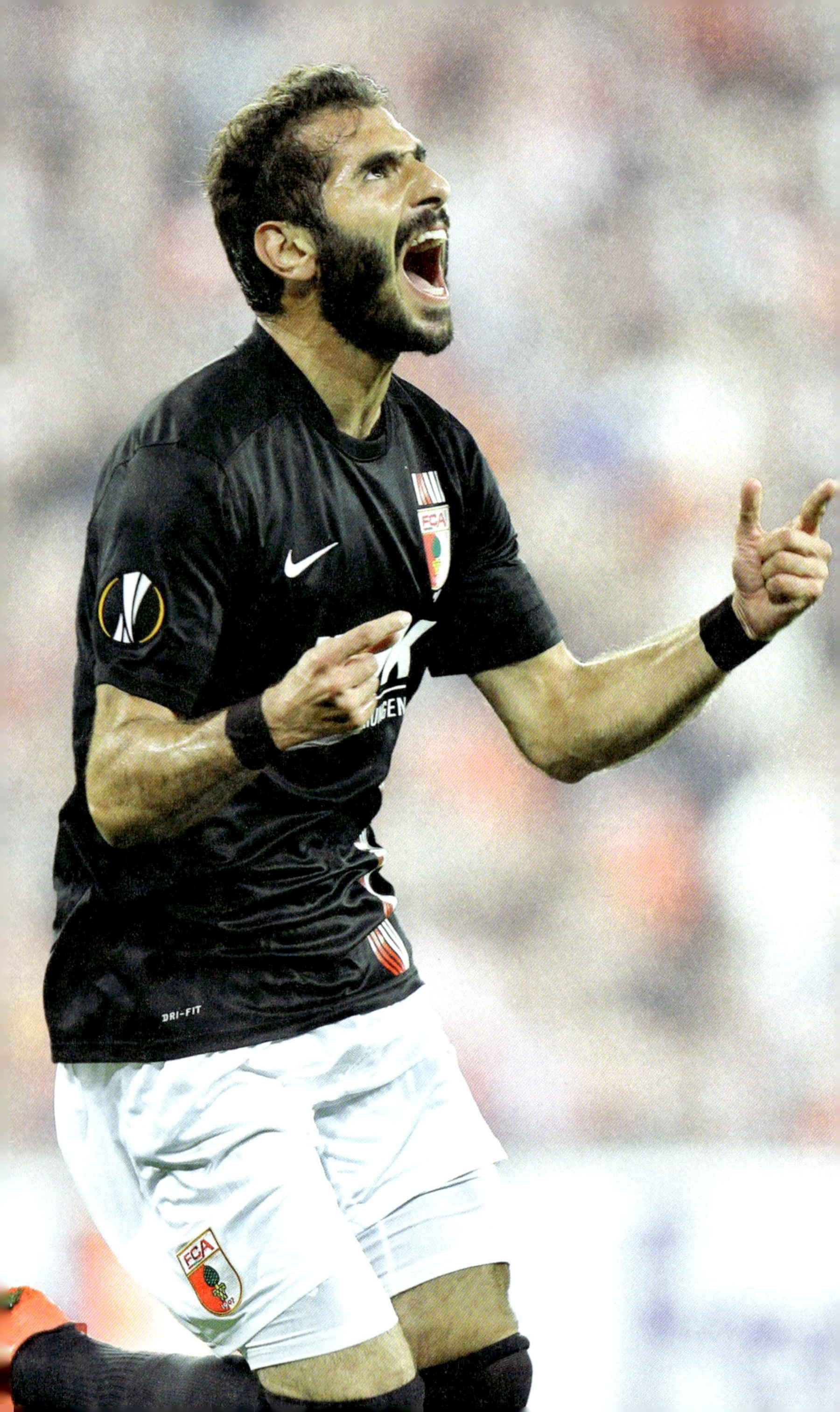
FCA
DRI-FIT

„In Europa kennt uns keine Sau“

Was hätte wohl einer zu hören bekommen, der der überschaubaren FCA-Fangemeinde – sagen wir in der Bayernliga-Saison 2000/01, sagen wir beim vorletzten Heimspiel gegen den FC Starnberg, das gerade einmal 250 Zuschauer im Rosenaustadion sahen – Folgendes erzählt hätte: Grämt euch nicht, auf euch warten goldene Zeiten. Habt ein wenig Geduld, dann führen euch drei Aufstiege in die Bundesliga, ihr werdet euren FCA in einer modernen Arena anfeuern, zu einem DFB-Pokal-Halbfinale reisen und ein paar Jahre später sogar Bayern München in einem Punktspiel besiegen und in der Europa League spielen. Der Höhepunkt: eine Partie beim FC Liverpool im legendären Stadion an der Anfield Road. Zugegeben: Einiges davon hat ein gewisser Walther Seinsch den Fans geweissagt, doch so recht glauben konnte man ihm das nicht. Bei den allermeisten Anhängern endete damals die Vorstellungskraft spätestens in der 2. Bundesliga.

Und doch kam es so – und das kam so: Am 34. Spieltag der Saison 2014/15 gastierte der FCA in Mönchengladbach. Für ihre Verhältnisse herausragende 46 Punkte hatten die Augsburger auf dem Konto, zwei weniger als Schalke auf dem fünften Rang, der die direkte Qualifikation für die Europa League bedeutete. Die Knappen traten beim HSV an, der dringend punkten musste, um den Abstieg zu verhindern. Das gelang den Norddeutschen auch, mit 2:0 gewannen sie gegen enttäuschende Schalker. Der FCA brauchte also einen Sieg, um an den Königsblauen vorbeizuziehen. Zur Pause lagen die Rot-Grün-Weißen noch mit 0:1 zurück, doch dank der Treffer von Bayern-Leihgabe Pierre-Emile Höjbjerg, Tim Matavz und Sascha Mölders drehte der FCA das Spiel und schaffte die Qualifikation für die

Ein historischer Treffer: Halil Altintop erzielt bei der ersten Europa-League-Partie des FCA in Bilbao das Tor zum 1:0.

Gruppenphase der Europa League – ein Höhepunkt in der Vereinsgeschichte. Die Gladbacher Anhänger sangen „In Europa kennt euch keine Sau“. Zeit, dass sich das ändert.

Ende August fand dann die Auslosung der Gruppenphase statt. Geträumt wurde viel im Vorfeld. Eine Reise in den Süden zum SSC Neapel? Hoch in den norwegischen Norden zum Molde FK? Oder zu einem Kultverein wie Celtic Glasgow nach Schottland, Ajax Amsterdam in die Niederlande oder gar zum FC Liverpool nach England? Letztendlich mussten und durften die Rot-Grün-Weißen bei Athletic Bilbao, AZ Alkmaar und Partizan Belgrad ran. Am 17. September betrat der FCA die europäische Bühne. 1.200 Augsburger waren ins Baskenland gereist, Halil Altintop erzielte mit der 1:0-Führung das historische erste FCA-Tor in einem europäischen Wettbewerb, die Weinzierl-Elf legte einen couragierten Auftritt hin, doch die abgezockten Spanier gewannen letztendlich mit 3:1. Das zweite Gruppenspiel – die Heimpartie gegen Partizan

Für Augsburg erzielte der 35-malige deutsche Nationalspieler Piotr Trochowski einen einzigen Treffer: Den direkt verwandelten Freistoß zum 1:0 in Alkmaar, das den FCA zurück in den Wettbewerb brachte.

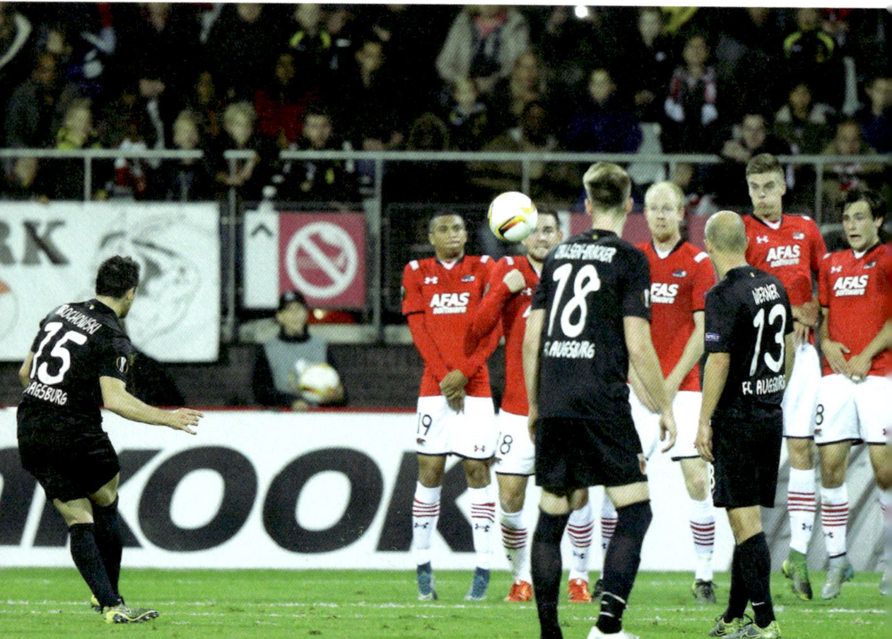

Belgrad – war ein Spiegelbild der Europa-Premiere: Die Augsburger Mannschaft spielte engagiert, kam zu hochkarätigen Torchancen, spielte sogar ab der 64. Minute in Überzahl – die drei Punkte holten sich aber die cleveren und eiskalten Serben. Vielleicht war die Europa League doch eine Nummer zu groß? Jedenfalls lag der FCA nach zwei Spieltagen auf dem vierten und letzten Platz der Gruppe L.

Dann folgten aber die beiden Spiele gegen den AZ Alkmaar: An der Nordsee gewann der FCA dank eines traumhaften Freistoßtreffers von Piotr Trochowski, in der Augsburger Arena konnten die Niederländer durch drei Treffer von Raúl Bobadilla und einem Tor von Dong-Won Ji mit 4:1 besiegt werden. Nach vier Spielen hatte sich der FCA mit sechs Punkten und einem ausgeglichenen Torverhältnis eine gute Ausgangsposition für die letzten beiden Gruppenspiele geschaffen. An der Tabellenspitze stand zu diesem Zeitpunkt Bilbao mit neun Punkten, Rang drei nahm Belgrad mit ebenfalls sechs Punkten ein, erst drei Zähler hatte Alkmaar auf dem Konto.

Nachdem die Heimpartie gegen Athletic Bilbao unglücklich mit 2:3 verloren ging, reiste der FCA zum Endspiel nach Serbien. Mit mindestens 3:1 musste der FCA bei Partizan gewinnen, um die Gruppenphase als Zweiter abzuschließen und ins Sechzehntelfinale vorzurücken. In der hitzigen Atmosphäre des Partizana-Stadions schien der Traum von der Zwischenrunde bald ausgeträumt: Nach elf Minuten ging der Gastgeber in Führung, nach 36 Minuten musste FCA-Innenverteidiger Jan-Ingwer Callsen-Bracker schwer verletzt vom Platz. Immerhin: Hoffnung keimte auf, als der für ihn eingewechselte Jeong-Ho Hong in der zweiten Minute der Nachspielzeit zum Ausgleich traf. Wenigen Minuten nach Wiederanpfiff erzielte FCA-Kapitän Paul Verhaegh die Führung – jetzt schien das Wunder wieder möglich. Es lief bereits die Nachspielzeit, als Raúl Bobadilla noch tatsächlich das 3:1 gelang. Der Jubel war riesig: Der FCA überwinterte in der Europa League.

Fast noch größer war der Jubel, als kurz vor Weihnachten die folgende Runde ausgelost wurde: Der FCA sollte auf den FC Liver-

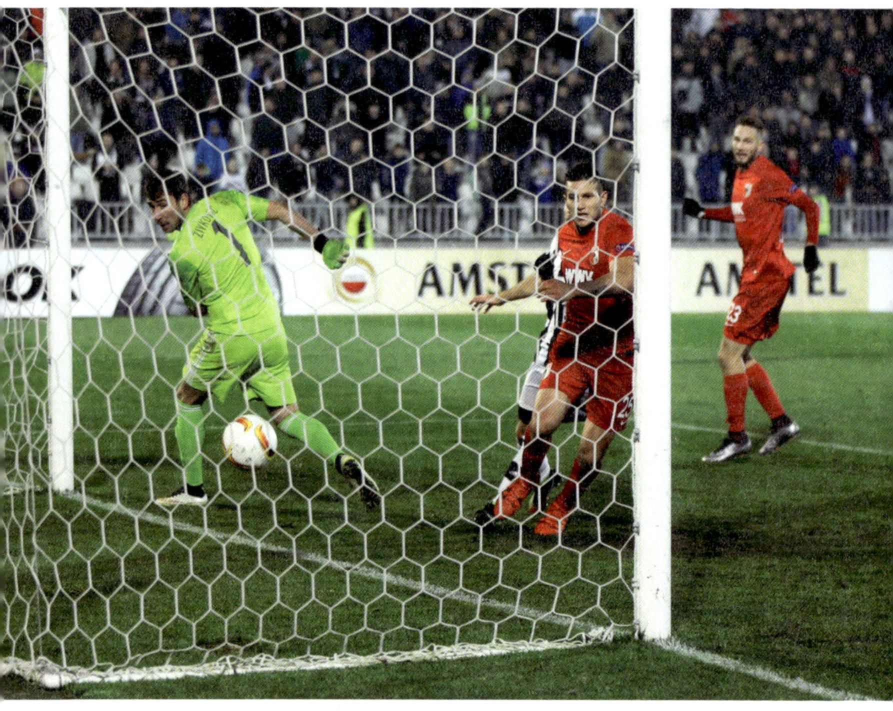

Krasse Sache: In der Nachspielzeit des finalen Gruppenspiels erzielt Raúl Bobadilla das entscheidende 3:1.

pool mit Trainer Jürgen Klopp treffen. Am 18. Februar 2016 war es dann so weit, die Reds gastierten in Augsburg. Der FCA schlug sich gegen die favorisierten Engländer mehr als tapfer und holte verdient ein torloses Unentschieden. Eine Woche später reisten dann Spieler, Funktionäre und Fans in den englischen Norden. Auch an der Anfield Road präsentierte sich der FCA als gleichwertiger Gegner, musste aber bereits nach fünf Minuten und einem Handspiel von Dominik Kohr im eigenen Strafraum den Rückstand per Elfmeter hinnehmen. Die dickste Gelegenheit zum Ausgleich und damit zum Einzug ins Achtelfinale hatte Konstan-

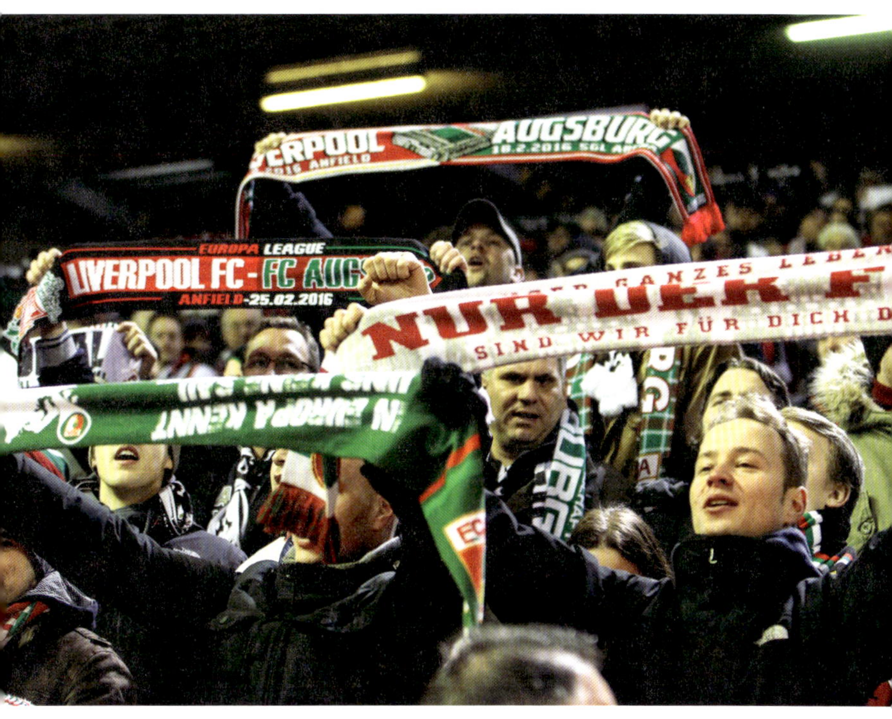

So kann man auch ausscheiden: Nach der unglücklichen 0:1-Niederlage im Rückspiel an der Anfield Road feiern die Fans ihre Mannschaft noch lange nach Abpfiff.

tinos Stafylidis, dessen Freistoß in der 89. Minute aber nur das Gebälk touchierte. Bald darauf kam der Abpfiff und damit der Abschied aus der Europa League. Die 4.000 Augsburger Fans an der Anfield Road feierten die wackere FCA-Mannschaft und Trainer Markus Weinzierl noch, als das Stadion sonst schon völlig leer war. „Da waren nur Stolz und Gänsehaut pur“, beschrieb der Trainer später den emotionalen Abschluss des Abenteuers Europa League. Und jeder, der auch nur eines der europäischen Spiele erlebt hat, hofft seitdem, so ein Abenteuer noch einmal zu erleben.

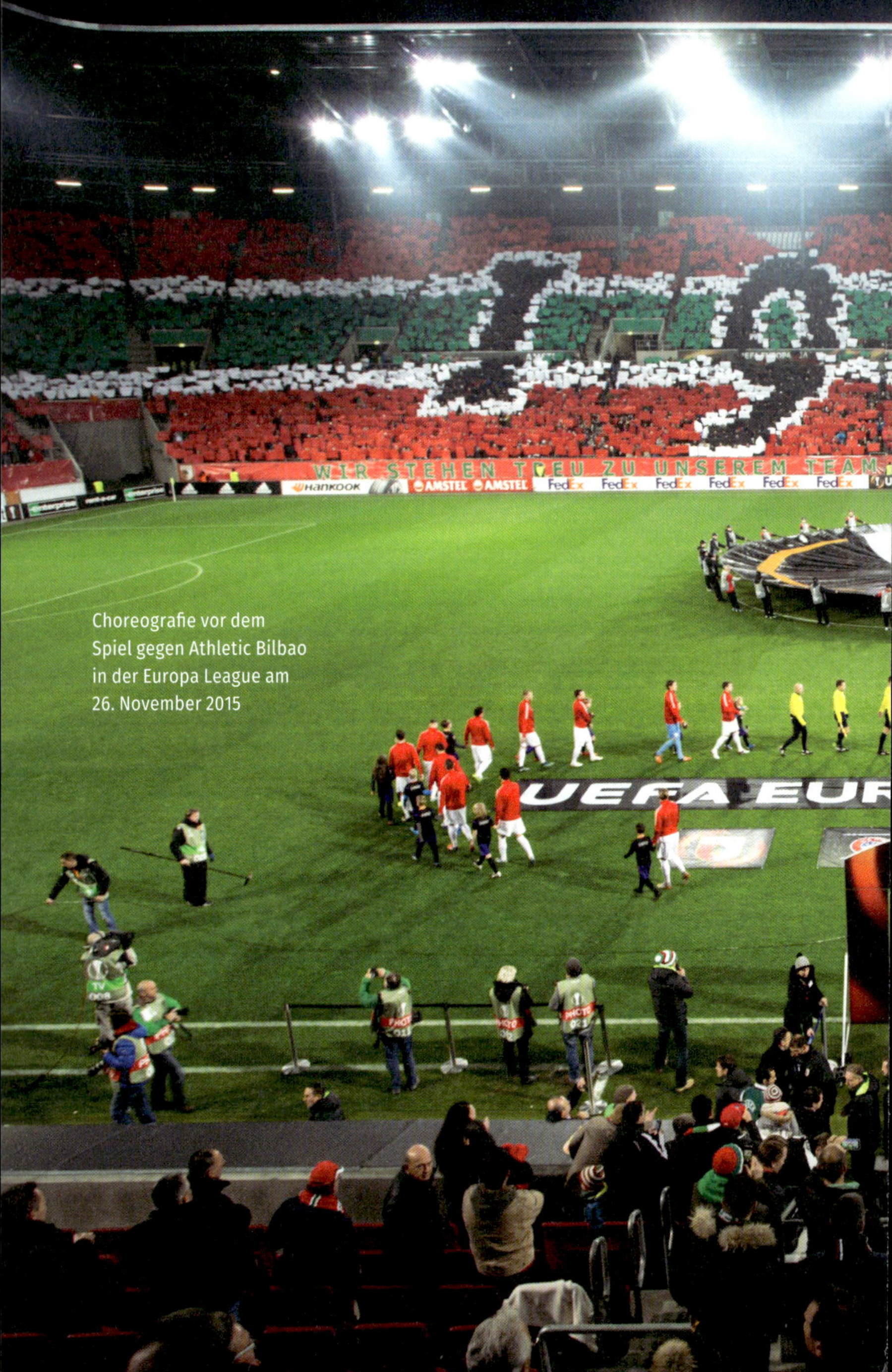

Choreografie vor dem Spiel gegen Athletic Bilbao in der Europa League am 26. November 2015

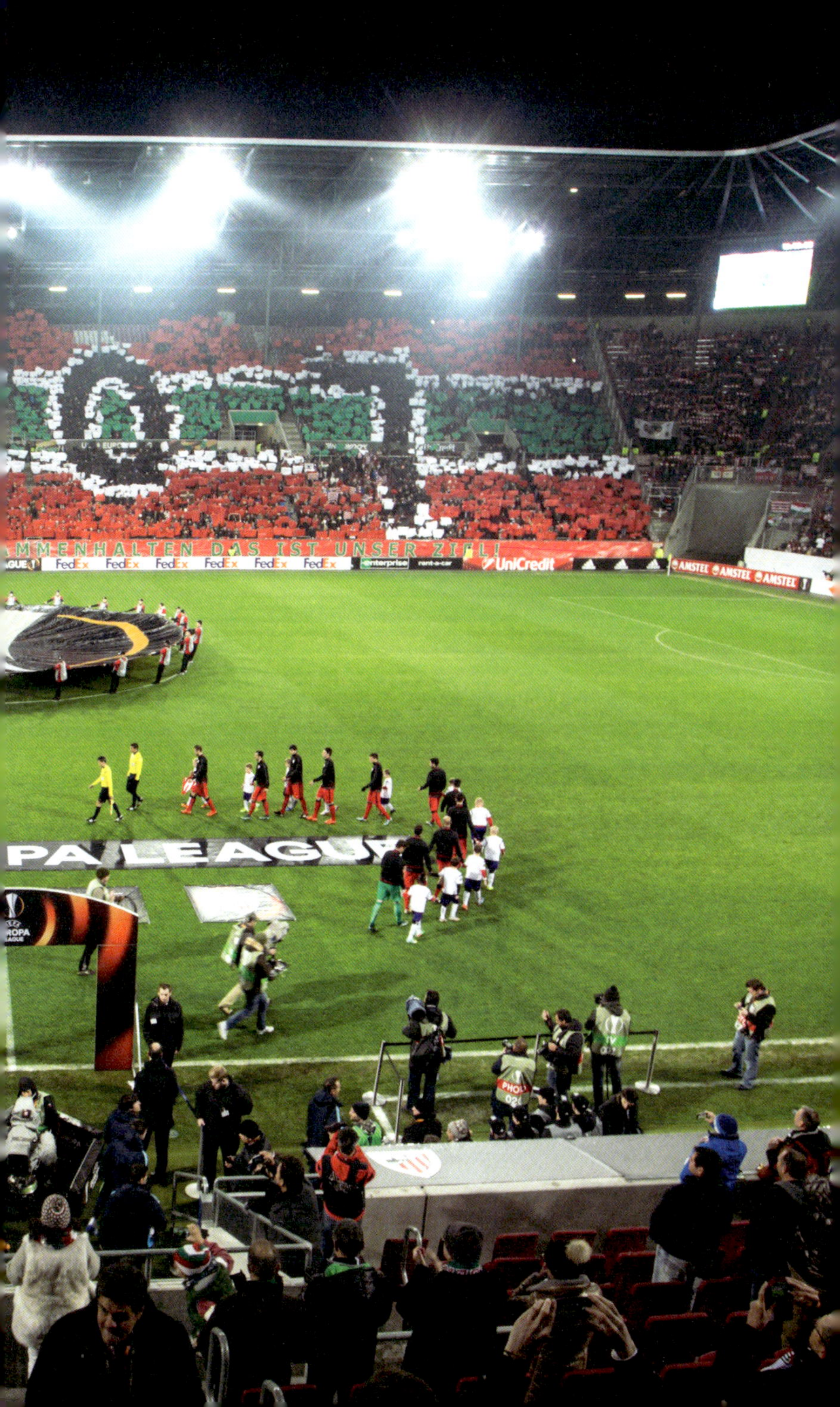

DAS IST UNSER ZIEL!
FedEx FedEx FedEx FedEx FedEx FedEx
enterprise
rent-a-car
UniCredit
AMSTEL AMSTEL AMSTEL

FC International II

MARCEL DE JONG

Der kanadisch-niederländische Linksverteidiger war von 2010 bis 2015 eine Stütze beim FCA, dann wechselte er zu Sporting Kansas City in die MLS. Auch in der kanadischen Nationalelf war er lange gesetzt: Von 2007 bis 2018 trug er 56-mal das Trikot mit dem Ahornblatt.

EDMOND KAPLLANI

In Augsburg spielte der Stürmer in den Spielzeiten 2009/10 und 2011/12. Für die albanische Nationalelf stand er zwischen 2004 und 2014 in 41 Partien auf dem Rasen.

RAGNAR KLAVAN

Das muss man auch erst einmal schaffen: Für Estland spielte Klavan 127-mal, dennoch kommen vier Spieler seiner Nationalmannschaft auf mehr Einsätze. Die Teilnahme an einem großen Turnier gelang ihm mit Estland nicht. Dafür darf sich Klavan rühmen, in seinem Heimatland sechsmal als Fußballer des Jahres ausgezeichnet worden zu sein (davon viermal in seiner

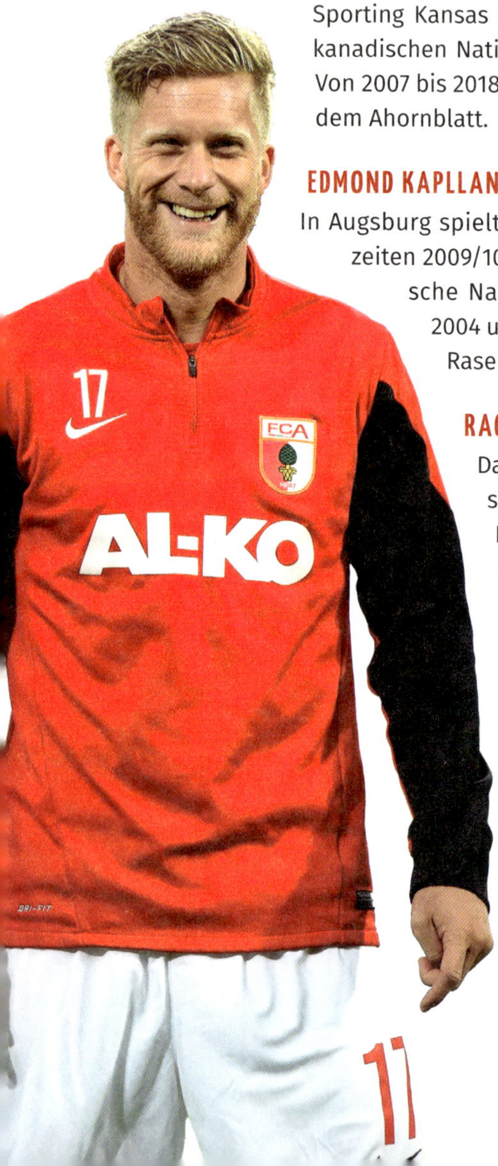

Marcel de Jong

Zeit in der Fuggerstadt zwischen 2012 und 2016) sowie für den FC Liverpool in der Premiere League und Cagliari Calcio in der Serie A gespielt zu haben.

JA-CHEOL KOO

Auf 78 Partien und 19 Treffer für Südkorea kann Ja-cheol Koo zurückblicken. Beim FCA stand der quirlige Mittelfeldspieler 2012/13 als Leihspieler aus Wolfsburg auf dem Platz, von 2014 bis 2019 stand er dann unter Vertrag. Seine Länderspielkarriere dauerte von 2008 bis 2019. Unter anderem kam er bei den Weltmeisterschaften 2014 und 2018 zum Einsatz.

TOMAS KOUBEK

Der Torhüter wurde 2019 als Nachfolger von Marwin Hitz vom französischen Pokalsieger Stade Rennes verpflichtet. Als Nummer 1 ging er dann auch in die Saison, verlor aber aufgrund durchwachsener Leistungen seinen Stammplatz an Andreas Luthe. Bei der Nationalmannschaft kam er zuletzt im November 2020 zum Einsatz.

STEPHAN LICHTSTEINER

Der siebenmalige italienische Meister Stephan Lichtsteiner kam 2019 für eine Saison zum FCA – vom FC Arsenal. 108-mal lief er für die Schweiz auf, nur zwei Spieler kommen auf mehr Einsätze für die Eidgenossen. Sein letztes Länderspiel trug er am 15. November 2019 gegen Georgien aus – als FCA-Profi.

TIM MATAVZ

Drei Jahre stand der Slowene von 2014 an beim FC Augsburg unter Vertrag, die letzten eineinhalb Jahre war er allerdings an den FC Genua sowie den 1. FC Nürnberg ausgeliehen. In 27 Partien für den FCA traf er dreimal. In seiner Zeit in Augsburg kam er auf drei seiner 39 Spiele für Slowenien, in denen er insgesamt elfmal traf.

ARKADIUSZ MILIK

Leider zündete der Pole, der in der Punktrunde 2013/14 als Leihspieler von Bayer Leverkusen am Lech weilte, beim FCA nicht so richtig. In 18 Ligaspielen traf er nur zweimal. Das machte er woanders besser. Etwa beim SSC Neapel, der ihn 2016 für sage und schreibe 35 Millionen Euro aus Amsterdam verpflichtete. Auch in seinen bisher 62 Länderspielen war er erfolgreich und erzielte – meist an der Seite von Robert Lewandowski – 16 Tore.

KNOWLEDGE MUSONA

In der Bundesliga-Spielzeit 2012/13 war Musona von der TSG Hoffenheim ausgeliehen, später spielte er für die Kaiser Chiefs in Südafrika, bei diversen belgischen Klubs und in Saudi-Arabien. Für die Nationalelf von Simbabwe traf er bisher in 49 Partien beachtliche 24-mal.

DANIEL OPARE

Zu Beginn der Saison 2015/16 kam Opare vom FC Porto nach Augsburg, die Spielzeit 2017/18 verbrachte er ausgeliehen beim französischen Zweitligisten RC Lens, im Februar 2018 wurde er aus disziplinarischen Gründen suspendiert. Beim FCA kam er auf 21 Spiele, in der Auswahl Ghanas auf insgesamt 19 Partien.

MICHAEL PARKHURST

Im Januar 2013 kam der US-amerikanische Verteidiger in die Fuggerstadt, ein Jahr und nur zwei Einsätze später zog es ihn in die Heimat zurück. Insgesamt kam er auf 25 Partien im USA-Dress, einige davon auch in seiner Augsburger Zeit. Sein Trainer dort war Jürgen Klinsmann.

RICARDO PEPI

Als 18-Jähriger kam der US-Amerikaner in der Winterpause 2021/22 in die Fuggerstadt – für eine Rekordablösesumme. Im Dress der amerikanischen Auswahl hatte der Stürmer bis dahin bereits sieben Partien absolviert. Als FCA-Spieler lief er erstmals am 30. Januar 2022 bei der 0:2-Niederlage gegen Kanada im USA-Trikot auf.

MILAN PETRZELA

Der Tscheche verbrachte nahezu seine gesamte Laufbahn in seinem Heimatland, lediglich die Saison 2012/13 erlebte er in der Bundesliga beim FC Augsburg. In dieser Spielzeit kam der Mittelfeldspieler auf zwölf Partien im Oberhaus und auf drei seiner 19 Länderspiele.

NANDO RAFAEL

Der Deutsch-Angolaner ging ab der Rückrunde der Saison 2009/10 bis Sommer 2012 für den FCA auf Torejagd. Im Januar 2012 spielte er zweimal beim Afrikacup für Angola, ein weiterer Einsatz im September steht außerdem zu Buche.

GIBRIL SANKOH

Ein Verteidiger zwischen Genie und Wahnsinn- so haben ihn die FCA-Fans in Erinnerung. Beispiel? Beim finalen Spiel der Aufstiegssaison 2010/11, als es gegen Meister Hertha um weniger als die goldene Ananas ging, holte sich der Mann aus Sierra Leone die Rote Karte ab und verpasste so die ersten Partien in der Bundesliga. Für sein Heimatland lief Sankoh, der bis 2013 beim FCA unter Vertrag stand, erstmals im September 2012 auf. Nur zwei weitere Partien sollten folgen.

GIOVANNI SIO

Der französisch-ivorische Mittelstürmer ist ganz schön herumgekommen, spielte unter anderem in Frankreich, der Schweiz, Spanien, in den Arabischen Emiraten und der Türkei. Das halbe Jahr in Augsburg stand unter keinem guten Stern. Im letzten Spiel der Hinrunde bei Greuther Fürth wurde er eingewechselt und wenige Minuten später wegen eines Foulspiels des Feldes verwiesen. Vom fränkischen Publikum – und damit auch der Bundesliga – verabschiedete er sich mit erhobenen Mittelfingern. Für die

Mannschaft der Elfenbeinküste spielte er 25-mal, auch bei der WM 2014 in Brasilien kam er zum Einsatz – wenn auch nur für sieben Minuten.

KONSTANTINOS STAFYLIDIS

Der Grieche mit dem Kämpferherz wechselte 2015 von Leverkusen nach Augsburg und kam bis zum Ende der Saison 2018/19 auf 52 Partien für den FCA. In der zweiten Saisonhälfte 2017/18 war er an Stoke City ausgeliehen. Sein erstes Länderspieltor für Griechenland erzielte der Linksverteidiger im Oktober 2015 als FCA-Profi gegen Ungarn. Bisher kam Stafylidis auf 32 Spiele für sein Heimatland.

MAREK SUCHY

In seinen zwei Jahren beim FCA von 2019 bis 2021 kam der Innenverteidiger auf lediglich zwölf Einsätze. Zu Beginn seiner Zeit in Augsburg stand der Tscheche noch zweimal bei der EM-Qualifikation für sein Nationalteam auf dem Platz: Die Einsätze im Herbst 2019 gegen Kosovo und Montenegro waren die letzten seiner 44 Länderspiele.

TAKASHI USAMI

Mit der Empfehlung von immerhin drei Partien für Bayern München kam der Japaner 2016 zum FCA. Nach lediglich elf Einsätzen in seiner ersten Spielzeit wurde er nach Düsseldorf ausgeliehen. Für Japan absolvierte er in dieser Spielzeit drei seiner 27 Länderspiele.

RUBEN VARGAS

Aus Luzern kam der junge Außenstürmer 2019 zum FCA, kurz darauf gab er seinen Einstand in der Nationalmannschaft der Schweiz, als im September Gibraltar mit 4:0 geschlagen wurde. Bei der Europameisterschaft 2020, die coronabedingt erst 2021 ausgetragen wurde, gehörte er zum Team der Eidgenossen. Auch beim bitteren Aus spielte er eine Rolle: Während er im Achtelfinale mit einem Tor im Elfmeterschießen mit für das Weiterkommen gesorgt

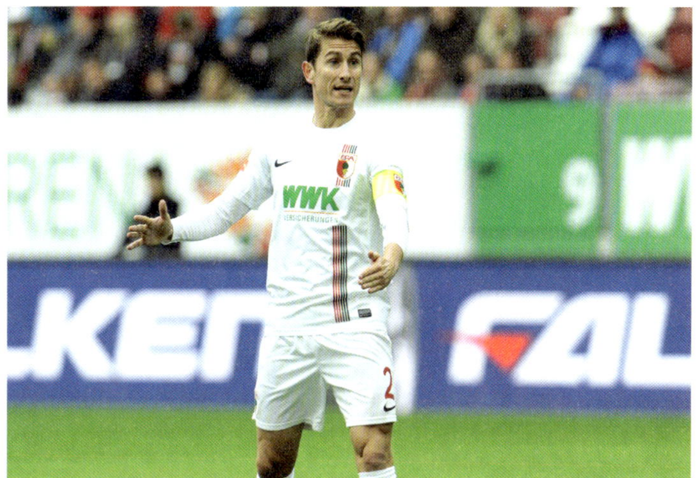

Für die Niederlande lief Paul Verhaegh unter anderem bei der WM 2014 auf.

hatte, verschoss er im Viertelfinale im Elfmeterschießen gegen Spanien.

PAUL VERHAEGH

Lange währte Verhaeghs Länderspiel-Karriere nicht, dafür spielte er für eine hochkarätige Elf bei der Weltmeisterschaft. Der Rechtsverteidiger war von 2010 bis 2017 aus dem Augsburger Defensivverbund nicht wegzudenken, war Kapitän und sicherer Elfmeterschütze. Für das Team der Niederlande wurde er 2013 und 2014 mehrfach berufen, kam aber nur auf drei Einsätze. Unter anderem stand er bei der WM 2014 beim letzten Gruppenspiel gegen Mexiko auf dem Feld.

ANDI ZEQIRI

Wenige Monate, bevor der FCA den Stürmer als Leihgabe von Brighton & Hove Albion aus England für die Saison 2021/22 verpflichtete, wurde Zeqiri erstmals in die Nationalelf der Schweiz berufen, sein Debüt gab er dann im September 2021 beim 2:1-Sieg gegen Griechenland.

AHA!

Unabsteigbar

Beliebte Quizfrage: Was haben Bayern München, Bayer Leverkusen, VfL Wolfsburg, TSG Hoffenheim, der FC Augsburg, RB Leipzig und Union Berlin gemeinsam? Einfache Antwort: Alle Vereine sind noch nie aus der Bundesliga abgestiegen.

Doch während die Bayern seit ihrem Aufstieg 1965 31-mal den Titel feiern konnten und die TSG Hoffenheim als Aufsteiger in der Saison 2008/09 gleich Herbstmeister wurde, hat der FCA ganz andere Duftmarken im Oberhaus gesetzt. Etwa in der Spielzeit 2012/13, als man in der Hinrunde nur neun Punkte holte und dann doch noch den direkten Klassenerhalt schaffte – das hatte bis dahin keine andere Mannschaft geschafft. Den Rekord hat sich allerdings Mainz 05 in der Saison 2021/22 geschnappt. Die hatten nach der Hinrunde nur sieben Zähler auf dem Konto, sammelten aber in der zweiten Saisonhälfte 32 Punkte und landeten sogar auf dem zwölften Platz.

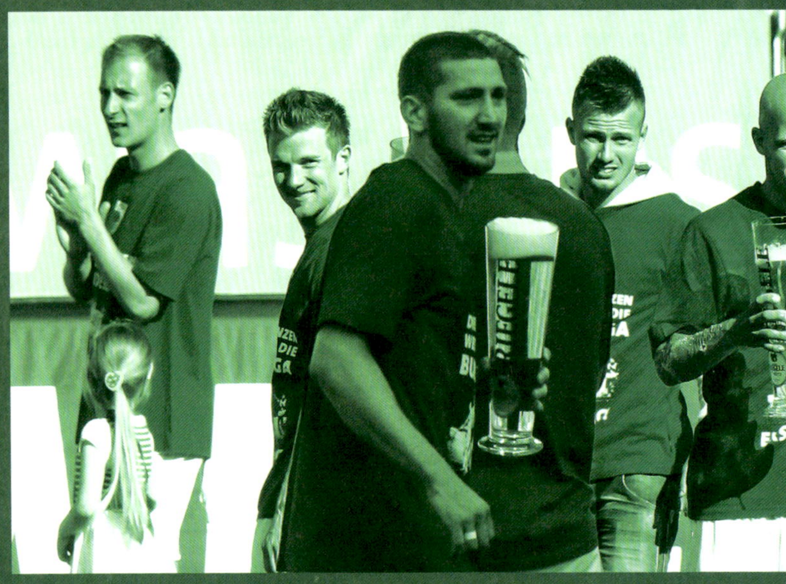

In Sachen „negativer Saisonstart“ hat der FC Augsburger immer noch die Nase vorn: Mit dem 2:2 gegen Freiburg ging es eigentlich ganz gut los, doch in den folgenden sechs Spielzeiten verlor der FCA jedes Auftaktspiel – und schoss dabei kein einziges Tor.

Allen, die den FCA einmal ganz oben sehen würden, sei ein Blick auf die alphabetisch geordnete Kicker-Tabelle in der Sommerpause empfohlen: Da steht Augsburg immer auf dem ersten Platz.

Diejenigen, die die Sache etwas realistischer angehen, hoffen einfach, dass sich der FCA auch weiterhin als unabsteigbar erweist. Ausreißer nach oben sind aber natürlich auch gerne gesehen.

Eine besondere Leistung: Nach nur neun Punkten in der Hinrunde durfte der FCA am letzten Spieltag der Saison 2012/13 dennoch den Klassenerhalt feiern.

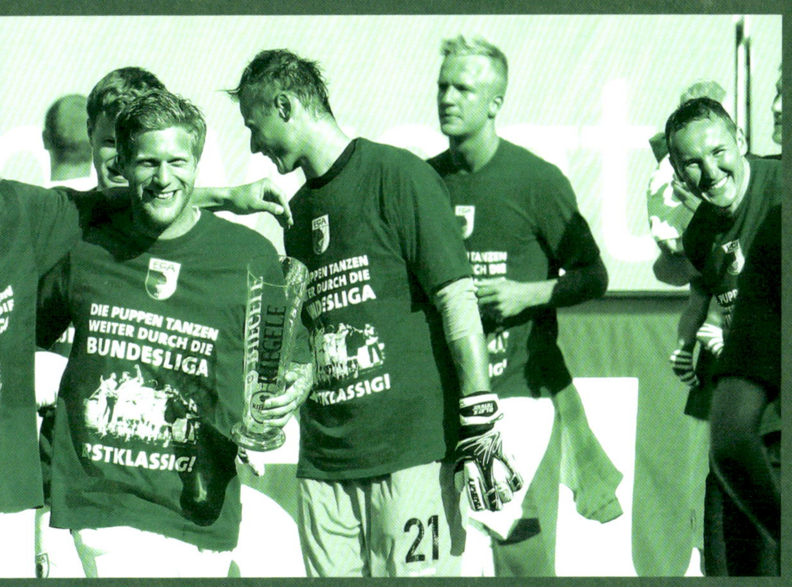

Das Quiz für echte FCA-Experten

1. Wie genau nannte sich jetzt eigentlich der FCA-Vorläufer, der 1907 aus der Taufe gehoben wurde?

a) FC Allemania
b) FC Alemania
c) FC Alemannia

2. Welcher FCA-Stürmer wurde in der Saison 2009/10 Torschützenkönig in der 2. Liga?

a) Michael Thurk
b) Stephan Hain
c) Nando Rafael

3. In wie vielen Partien kam BCA-Spieler Uli Biesinger bei der WM 1954 zum Einsatz?

a) 4
b) 0
c) 2

4. Welcher FCA-Spieler erzielte den ersten Treffer, der von der Sportschau als Tor des Monats ausgezeichnet wurde?

a) Joseph Babatunde
b) Vladimir Manislavić
c) Oliver Remmert

5. Wann spielte die FCA-Vorläufer BCA erstmals in einer Spielklasse mit Bayern und 1860 München?

a) 1920/21 in der Bezirksliga Südbayern
b) 1934/35 in der Gauliga Bayern?
c) 1945/46 in der Oberliga Süd?

6. Mit welchem Geschenk sollte der spätere FCA-Trainer Armin Veh Ende der 1980er Jahre Weltstar Pelé zu einem Gastspiel beim unterklassigen BC Harlekin überreden?

a) Kuckucksuhr
b) Nussknacker
c) Mozartkugeln

7. Was stellte die Fabrik her, in der der junge BCA-Star Helmut Haller halbtags arbeitete?

a) Hüte
b) Hosen
c) Schuhe

8. Welche Figur aus der Puppenkiste überreichte

der FCA dem gegnerischen Kapitän in der Premierensaison 2011/12?

a) Räuber Hotzenplotz
b) Urmel aus dem Eis
c) Jim Knopf

9. Wofür sah HSV-Torhüter Uli Stein 1986 beim Pokalspiel in Augsburg die Rote Karte?

a) Grobes Foulspiel
b) Schiedsrichterbeleidigung
c) Tätlichkeit

10. 1940 verpasste der BCA denkbar knapp die Meisterschaft in der erstklassigen Gauliga. Wer wurde stattdessen Meister?

a) SpVgg Fürth
b) 1. FC Nürnberg
c) Jahn Regensburg

11. In der 1950er Jahren war der Österreicher Karl Sesta Trainer beim BCA. Was konnte Sesta außer Fußball noch ganz gut?

a) Ringen
b) Singen
c) Boxen

12. Wer erzielte gegen Freiburg den allerersten Bundesligatreffer des FCA?

a) Jan-Ingwer Callsen-Bracker
b) Sascha Mölders
c) Edmond Kapllani

13. Wer trainierte Jahn Regensburg, der 2005 den Aufstieg des FCA in die 2. Bundesliga verhinderte?

a) Lothar Matthäus
b) Matthias Sammer
c) Mario Basler

14. In welchem Jahr wurde das Rosenaustadion eröffnet?

a) 1950
b) 1951
c) 1952

15. Hans Lang war der erste Augsburger, der für die Nationalelf spielte. Für welchen Verein war er aktiv, als er 1922 sein Debüt gegen die Schweiz feierte?

a) SpVgg Fürth
b) Hamburger SV
c) Hertha BSC

16. 1994 scheiterte der Bayernliga-Meister FCA in der Aufstiegsrunde zur 2. Liga. Welche Mannschaft durfte eine Liga nach oben?

a) Braunschweig
b) Düsseldorf
c) Paderborn

17. Nach 52 Jahren wurde 2014 mit André Hahn wieder ein FCA-Spieler in die Nationalmannschaft berufen. Gegen welchen Gegner gab er sein Debüt?

a) Dänemark
b) Spanien
c) Polen

18. Zwischen 1991 und 1995 holten die FCA-Junioren fünf nationale Titel in Folge. Welche waren es?

a) Vier Pokalsiege und eine Meisterschaft
b) Drei Meisterschaften und zwei Pokalsiege
c) Ein Pokalsieg und vier Meisterschaften

19. In welcher Sportart außer Fußball nahm eine FCA-Mannschaft an einem europäischen Wettbewerb teil?

a) Handball
b) Basketball
c) Volleyball

20. Mit 355 Pflichtspiel-Einsätzen ist Daniel Baier Rekordspieler in der jüngeren FCA-Geschichte. Von welchem Verein konnten ihn die Augsburger erst ausleihen und dann fest verpflichten?

a) Werder Bremen
b) 1. FC Köln
c) VfL Wolfsburg

21. Bei welchen italienischen Vereinen stand Helmut Haller unter Vertrag und konnte mit ihnen Meisterschaften feiern?

a) AS Rom und SSC Neapel
b) FC Bologna und Juventus Turin
c) Inter Mailand und Hellas Verona

22. Welcher dieser Trainer spielte nicht in der FCA-Jugend?

a) Thomas Tuchel
b) Julian Nagelsmann
c) Hansi Flick

23. In den 1950er Jahren war Stürmer Luk Schuller nicht nur torhungrig. Was war sein Lieblingsessen?

a) Schweinebraten
b) Wiener Schnitzel
c) Rindsrouladen

24. In welchem Jahr feierte der „neue“ FC Augsburg, der ja 1969 aus der Fusion des

BCA mit der Lizenzspieler-Abteilung der Schwaben entstanden war, seinen ersten Aufstieg?

a) 1969
b) 1973
c) 1979

25. Worin unterscheidet sich der FCA von allen anderen bisherigen Erst- und Zweitligisten?

a) Sein Gründungsjahr 1907
b) Der FCA ist der einzige Verein aus einer Stadt, die mit A beginnt.
c) Durch seine Vereinsfarben Rot, Grün und Weiß

26. Welcher bekannte BR-Moderator hütete bereits das Tor der Schwaben und des BCA?

a) Waldemar Hartmann
b) Heinz Köppendörfer
c) Markus Othmer

27. Wie hieß der Aufstiegstrainer 2002?

a) Gino Lettieri
b) Domenico Tedesco
c) Roberto Manicini

Quiz-Lösungen

1 b
2 a
3 b
4 b
5 a
6 a
7 c
8 c
9 b
10 b
11 a, b und c
12 b
13 c
14 b
15 a
16 b
17 c
18 a
19 c
20 c
21 b
22 c
23 a
24 b
25 c
26 b
27 a

Zitate

„Da stand das Tor am falschen Ort – sonst hat er alles richtig gemacht."

Trainer Martin Schmidt im Dezember 2019. Im Spiel hatte Marco Richter das leere Tor aus sieben Metern Entfernung nicht getroffen.

„Wir konnten beide nicht besonders kicken. Er vielleicht ein bisschen besser als ich, aber besonders toll war das auch nicht."

Jürgen Klopp, Trainer des FC Liverpool, vor dem Europa-League-Duell über FCA-Trainer Markus Weinzierl

„Vor dem Spiel kam Stefan Reuter zu mir und sagte: Heute ist vielleicht was drin. Ich wollte ihm die gute Laune nicht verderben."

Reporter Fritz von Thun und Taxis – der FCA verlor gegen die Bayern mit 0:6.

„Früher haben sich Klubs, die von einem festen Platz in der ersten Liga träumten, an Freiburg orientiert, das sich in seiner ökologischen Nische den Lebensraum geschaffen hat. Inzwischen spielt der SC seine 16. Bundesligasaison. Dann kam Mainz hinzu – dank strategischem Geschick nun im neunten Erstliga-Jahr. Und inzwischen darf auch Augsburg von sich sagen, eine Lösung zur Behauptung gefunden zu haben."

Philipp Selldorf von der Süddeutschen Zeitung im Dezember 2014. Freiburg stieg übrigens 2015 ab.

„Magaths Truppe nahm den Kampf nicht an – anders als die Augsburger, die mit ihren Zuschauern zu einer perfekten Interaktion fanden … Eine Atmosphäre wie in Liverpool."

Frankfurter Allgemeine Zeitung